新时期高校财务管理的实践问题研究

杨茜　叶苹　著

中国商业出版社

图书在版编目(CIP)数据

新时期高校财务管理的实践问题研究 / 杨茜，叶苹著. -- 北京 : 中国商业出版社, 2025. 3. -- ISBN 978-7-5208-3351-6

Ⅰ. G647.5

中国国家版本馆CIP数据核字第20253UP702号

责任编辑：朱丽丽

中国商业出版社出版发行

（www.zgsycb.com　100053　北京广安门内报国寺1号）

总编室:010－63180647　编辑室:010－63033100

发行部:010－83120835/8286

新华书店经销

北京虎彩文化传播有限公司印刷

*

787毫米×1092毫米　16开　8.75印张　151千字

2025年3月第1版　2025年3月第1次印刷

定价：45.00元

* * * *

（如有印装质量问题可更换）

前　言

随着我国高等教育事业的蓬勃发展，高校财务管理工作在新时期面临着前所未有的挑战与机遇。作为高校管理的重要组成部分，财务管理的科学性和规范化对于高校的可持续发展至关重要。然而，在实践中，高校财务管理仍存在诸多问题，不仅影响了高校财务运作的效率和效益，也制约了高校的整体发展。因此，深入研究新时期高校财务管理的实践问题，具有重要的理论意义和现实价值。

本书系统梳理了新时期高校财务管理的环境变化，深入探讨了新时期高校预算管理实践问题、新时期高校收入管理实践问题、新时期高校支出管理实践问题、新时期高校资产管理实践问题等方面的内容。希望本书能够为读者提供新时期高校财务管理的实践问题研究方面的帮助。

本书主要汇集了笔者在工作、实践中取得的一些研究成果。在撰写过程中，笔者参阅了相关文献资料，在此，谨向其作者深表感谢。

由于笔者水平有限，加之时间仓促，书中难免存在一些不足和疏漏，敬请广大读者批评指正。

作　者

2025 年 1 月

目　录

第一章　新时期高校财务管理的环境变化

第一节　高等教育改革对高校财务管理的影响

一、高校教育经费投入机制变化与高校财务管理应对

（一）经费投入机制的变化

近年来，高校的经费投入机制发生了显著变化，给财务管理带来了新的挑战和机遇。教育经费的来源日益多元化，政府、企业和社会资本的共同参与，改变了高校的资金结构。多元化的投入机制不仅丰富了高校的资金来源，也要求高校在财务管理中具备更高的灵活性和适应性。政府的资金支持仍然是高校经费的主要来源，但企业和社会资本的参与使高校在资金获取和使用上需要更多地考虑市场导向和社会需求。这一变化促使高校在财务管理中需要加强与企业和社会的联系，以确保资金的持续性和稳定性。

教育经费投入机制的变化还体现在绩效导向的经费分配机制上。政府和其他资金提供方越发关注高校的实际教学和科研成果，鼓励高校通过提高自身绩效来获得相应的财政支持。这种以绩效为导向的经费分配机制要求高校在财务管理中更加注重资金的使用效率和效益，确保每一笔经费都能产生预期的教学和科研成果。这种机制的实施需要高校在内部建立科学合理的绩效评价体系，以便准确衡量和提升自身的教学和科研水平。

随着经费投入机制的变化，经费使用的透明度要求也在不断提升。高校在资金管理和使用过程中必须公开透明，以接受社会和资金提供方的监督。这种透明度要求不仅是对高校财务管理的一种约束，更是促进高校提升管理水平和公信力的重要动力。高校需要在财务信息的披露、资金流向的公开等方面进行制度化建设，以确保各项资金使用的合规性和合理性。透明度的提升有助于高校在社会中树立良好的形象，增强吸引更多社会资本的能力。

此外，高校财务管理面临的预算编制挑战也日益加剧。随着经费政策和市场环境的不断变化，高校在预算编制过程中需要更加灵活。传统的预算编制方

法已经无法适应快速变化的外部环境，高校必须在预算编制中引入动态调整机制，以应对不确定性和风险。同时，高校还需要加强对预算执行的监控和反馈，确保预算的执行能够与实际需求和外部变化保持一致。这些挑战要求高校在财务管理中不断创新，提升财务人员的专业素养和管理水平，以适应新时期的复杂环境。

（二）财务管理的应对措施

在新时期，高校财务管理面临着教育经费投入机制变化带来的挑战。为应对此类变化，高校需要采取一系列财务管理措施，以保障其财务体系的稳定性和可持续性。

建立动态预算管理机制是高校财务管理的重要应对策略。通过动态预算管理，高校可以根据实际的经费变化和需求，及时调整预算分配，确保资金的合理使用。这一机制不仅能够提高预算的灵活性，还能在一定程度上优化资源配置，减少资源浪费，从而提升高校的整体财务管理水平。

加强内部审计与监督是确保经费使用合规性和有效性的关键。内部审计作为财务管理的重要组成部分，能够在资金使用的各个环节进行有效监控，及时发现并纠正不合规行为。通过强化内部审计，高校可以更好地控制财务风险，确保资金使用的安全和高效。同时，完善的监督机制也能够提高财务透明度，增强外部对高校财务管理的信任和支持，为高校的长远发展奠定坚实基础。

推动财务信息系统的升级也是高校应对教育经费投入机制变化的重要措施。随着信息技术的快速发展，现代化的财务信息系统能够显著提升数据分析能力，为高校提供更为精准的财务数据支持。通过系统升级，高校可以实现数据的实时采集与分析，提高财务决策的科学性和准确性。此外，先进的信息系统还能够简化财务流程，降低人工操作风险，提升财务管理的效率和质量，为高校的财务管理提供强有力的技术支持。

开展财务风险评估并制定应急预案是高校应对资金短缺的必要手段。通过定期的财务风险评估，高校可以识别潜在的财务风险，并提前采取措施加以防范。制定应急预案则能够使高校在资金短缺时，迅速作出反应，保障高校正常运作。应急预案的制定不仅需要考虑短期的资金调度问题，还应综合考虑长期的财务规划，以确保高校财务体系的稳健性和可持续性。这一系列措施的实施，将为高校应对新时期教育经费投入机制变化提供有力的保障。

二、高校自主招生与财务资源配置

（一）自主招生的财务影响

自主招生政策的实施在高校财务管理中引起了一系列深刻的变化，赋予高校更大的灵活性和自主权。高校能够根据市场需求和自身的办学特色，灵活调整招生计划，直接影响了高校财务资源的配置和使用。具体来说，自主招生使高校能够更有效地分配和使用财务资源，以支持其战略目标的实现。然而，这种变化也带来了财务管理上的挑战，需要高校在资源配置上进行更为精细的规划和管理，以确保财务资源的最优使用。

此外，自主招生政策可能导致高校在生源质量和数量上发生变化，对学费收入和财政预算的稳定性产生了重要影响。生源质量的提升可能带来更高的学费收入，但生源数量的不确定性也可能导致收入波动。因此，高校在制定财务预算时，必须充分考虑这些不确定因素，以保障财务的稳健性和持续性。这种动态的财务管理要求高校具备更强的预测和应对能力，以适应不断变化的招生环境。

在自主招生过程中，高校需要投入更多的财务资源用于宣传、招生和面试等环节，无疑增加了财务管理的复杂性。高校需要在这些环节中进行精细化管理，以确保投入的资源能够带来预期的效果。这不仅涉及财务资源的合理配置，还需要在管理流程上进行创新，以提高资源使用的效率和效果。同时，高校还需要建立健全的财务监控和评估机制，以确保自主招生相关活动的财务健康。

自主招生的实施还可能促进高校与企业之间的合作，吸引社会资金的支持，从而拓宽财务资源的来源和使用方式。通过与企业的合作，高校可以获得更多的资金支持，不仅有助于缓解财政压力，还可以为高校的学科建设和科研活动提供更多的财务保障。这种合作模式要求高校在财务管理中具备更强的合作和协调能力，以实现资源的最优配置和使用。同时，高校还需建立有效的风险控制机制，以应对可能出现的财务风险。

（二）财务资源配置优化策略

在新时期高校财务管理中，优化财务资源配置是应对高等教育改革的重要策略。高校自主招生使得生源结构和数量均发生了变化，要求财务管理必须具备更高的灵活性和适应性。

建立灵活的财务预算体系是优化资源配置的首要任务。通过允许根据自主招生带来的生源变化及时调整预算分配，可以确保财务资源的有效利用。这一调整不仅需要对生源数据进行精准预测，还需要快速响应市场需求的变化，以实现资源的动态配置。灵活的预算体系能够帮助高校在生源波动较大的情况下，保持财务的稳定性和可持续发展。

实施精准的成本控制措施是财务资源配置优化的另一项关键策略。自主招生带来了多样化的生源背景，意味着高校在教学、设施、学生服务等方面的支出也会相应增加。为了确保资源投入的高效性和必要性，高校需要对自主招生相关的各项支出进行细致分析。通过对每一笔资金的用途进行严格审查，识别出不必要的开支，并对必要的项目进行合理分配，可以有效控制成本。精准的成本控制不仅有助于降低财务风险，还能提高资金使用效率，增强高校的竞争力。

加强与社会企业的合作，探索多样化的资金筹措方式，是高校财务管理在自主招生背景下的创新举措。自主招生提供了与社会企业合作的契机，通过吸引社会资金，可以有效拓宽财务资源的来源。这种合作不仅能为高校带来直接资金支持，还能够通过项目合作、研究开发等方式，提升高校的科研能力和社会影响力。与企业的深度合作还可以为学生提供更多的实习和就业机会，进一步提升高校的吸引力和竞争力。

优化财务决策支持系统是高校在自主招生背景下实现资源配置优化的重要手段。利用先进的数据分析工具，对招生数据和市场需求进行实时监控，可以为财务决策提供科学依据。通过对生源数据的分析，高校可以及时调整财务资源的配置，以应对市场变化和政策调整。数据驱动的决策支持系统不仅提高了决策的准确性和及时性，还能帮助高校在复杂多变的环境中保持竞争优势。通过这些优化策略，高校可以更好地适应自主招生带来的财务管理挑战，实现可持续发展。

三、产学研合作模式下的高校财务管理创新

（一）合作模式的财务需求

在产学研合作模式下，高校面临着多样化的财务需求。

高校需要建立灵活的财务管理体系，以适应多样化的资金来源和使用需求。由于合作项目涉及多方，资金来源可能包括政府拨款、企业投资、科研基金等多种渠道。因此，高校必须具备灵活的财务管理能力，能够快速调整财务计划和资源配置，以应对不同资金来源的特点和要求。这种灵活性不仅体现在资金的筹措上，还包括对资金使用的精确管理，以确保资金的最大化利用和项目的顺利进行。

合作项目的财务需求还要求高校具备精准的成本核算能力。这是因为在产学研合作中，各项开支的合理性和合规性直接影响项目的成败。高校需要对项目的各项成本进行详细的核算，如人员成本、材料成本、设备使用费等。精确的成本核算不仅有助于控制项目预算，也能为项目的财务透明度提供保障，增强合作各方的信任。同时，合理的成本分摊机制也能有效避免因资金分配不当引发的纠纷，促进合作项目的顺利开展。

高校在产学研合作中还应加强财务风险控制。产学研合作涉及的项目通常具有较高的不确定性，高校需要识别潜在的财务风险并制定相应的应对策略。这包括对项目可能面临的市场风险、政策风险、技术风险等进行评估，并建立相应的风险控制机制。例如，可以通过设立风险准备金、签订风险共担协议等方式来分散和降低风险。这不仅有助于保护高校的财务安全，也为合作项目的长期稳定发展提供了保障。

（二）高校财务管理创新路径

高校财务管理创新路径的探索是适应新时期高等教育改革的必然要求。在产学研合作模式下，高校需要不断调整和创新财务管理策略，以适应不断变化的外部环境。创新路径的核心在于推动财务管理信息化。利用先进的信息技术，构建集成化的财务管理系统，不仅可以提高财务数据处理的效率和准确性，还能为决策提供可靠的支持。信息化的财务管理系统能够实时更新财务状况，使高校能够迅速应对外部环境的变化，进而提升其财务管理的整体水平。

推动财务管理信息化的同时，高校还需建立动态财务预测模型。通过大数据分析和市场趋势监测，财务部门可以增强对资金流动和财务状况的前瞻性管理能力。这种动态预测模型不仅能帮助高校预见财务风险，还能为其优化资源配置提供科学依据。通过对市场趋势的敏锐把握，高校可以在财务决策中更为主动，确保资金的合理使用和最大化效益的实现。这种前瞻性的管理模式，是高校在复杂多变的经济环境中保持竞争力的重要保障。

实施跨部门协作机制是高校财务管理创新的重要路径之一。财务部门通过与科研、教学等其他部门的沟通与协作，能够实现资源的优化配置与共享。通过建立有效的跨部门协作机制，高校可以更好地整合内部资源，避免资源浪费。这种协作机制不仅提升了财务管理的效率，也促进了高校整体管理水平的提升。跨部门协作不仅需要制度的保障，更需要文化的认同和人员的积极参与，是高校财务管理创新的重要组成部分。

开发财务管理培训项目是高校提升财务管理水平的关键措施之一。通过系统的培训项目，可以有效提升全体教职工的财务意识和管理能力，确保各层级人员能够有效参与财务决策与管理。这不仅有助于提高高校财务管理的专业化水平，也能在高校内部形成良好的财务管理文化。培训项目的成功实施，需要高校在培训内容、方式和评价机制上进行创新，以适应不断变化的财务管理需求和环境挑战。通过全员参与的培训机制，可确保高校财务管理的可持续发展。

四、高等教育国际化对财务管理的影响

（一）国际化的财务挑战

在全球化背景下，高等教育的国际化进程为高校财务管理带来了诸多挑战。国际化背景下的汇率波动风险是高校面临的首要财务挑战之一。随着高校在国际合作与交流中的日益活跃，外币收入和支出成为常态。然而，汇率的不确定性可能导致高校在财务计划和预算执行中遇到困难，进而影响整体财务稳定性。此外，高校在进行国际项目时，常常需要在不同货币之间进行转换，这种情况下，汇率波动可能导致预算超支或资金短缺。因此，高校财务管理部门需要具备敏锐的市场洞察力和风险管理能力，以应对汇率波动带来的不确定性。

不同国家和地区的财务法规和税收政策差异，也为高校的国际化进程带来了合规性挑战。高校在开展国际合作项目时，必须遵守所在国的财务法规和税收政策，要求财务管理人员具备跨国财务管理的知识和技能。合规性不仅涉及税务申报和财务报告，还包括资金流动的合法性和透明性。高校需要建立严格的财务合规机制，以确保在国际合作中不违反相关法律法规。同时，了解和适应不同国家的财务制度差异，也是高校提升自身国际竞争力的重要环节。

随着国际化进程的加速，高校需要面对多元化的资金来源和使用方式，在一定程度上增加了财务管理的复杂性和协调难度。国际合作项目往往涉及多方，

不同的资金来源如政府拨款、企业赞助、国际基金等，要求高校在资金使用上做到精细化管理。多元化的资金使用方式也意味着高校需要在资金分配、使用效率和效果评估等方面进行更加全面而详细的规划和管理。这不仅需要财务管理人员具备全面的财务知识，还要求其具备良好的沟通协调能力，以实现资金的最优配置和使用。

（二）财务管理的国际化策略

高校在面对高等教育国际化趋势时，财务管理的国际化策略显得尤为重要。国际化策略不仅是适应全球化背景下的财务需求，更是提升高校在国际舞台上竞争力的关键。高校需要在财务管理中融入国际化视野，通过建立和完善国际财务合规体系，确保其在国际合作中遵循各国财务法规和税收政策。合规体系的建立不仅能够降低合规风险，还能为高校在国际项目中的顺利开展提供法律保障。通过对各国财务法规的深入研究和应用，高校可以有效避免违法违规造成的财务损失。

在国际化进程中，跨国财务风险管理成为高校财务管理的重要组成部分。汇率波动等财务不确定性对高校的国际项目资金安全构成了潜在威胁。为了应对这些挑战，高校需要制定详细的风险管理策略。这些策略包括利用金融工具对冲汇率风险、设定合理的风险敞口以及建立风险预警机制等。通过这些措施，高校可以在国际项目中有效规避财务风险，确保资金的安全和稳定流动，从而保障国际合作项目的顺利推进。

国际项目的财务预算管理是高校国际化财务管理的另一个重要方面。面对多元化的资金来源和项目需求，高校需要具备灵活的预算调整能力。通过优化财务预算管理机制，高校可以根据项目的实际需要和资金来源的变化，灵活调整预算，确保财务资源的高效利用。这不仅能够提高资金的使用效率，还能为高校的国际项目提供财务支持，助力项目的成功实施。

随着国际合作的不断深入，国际财务管理信息系统的建设显得尤为重要。信息系统的建设能够实现与国际合作伙伴的财务数据共享和实时监控，以提高财务决策的科学性和及时性。通过信息系统的支持，高校可以实时获取国际项目的财务状况，及时调整财务策略，确保项目的顺利进行。信息系统的建设不仅提高了财务管理的效率，还增强了高校在国际合作中的竞争力，为高校的长远发展奠定了坚实的基础。

第二节　经济环境变化对高校财务管理的挑战

一、经济全球化对高校财务管理的影响

（一）国际化财务管理需求

在全球化的背景下，高校的财务管理面临着日益增长的国际化需求。这种需求不仅体现在高校与国际教育机构的合作日益频繁上，还反映在高校自身的国际化发展战略中。高校需要制定国际化的财务管理策略，以适应全球教育市场的发展。国际化背景下，高校对外财务报表编制的标准化需求显得尤为重要。高校在国际合作中，必须遵循国际财务报告标准，以确保财务信息的透明度和可比性。这不仅有助于提升高校的国际声誉，也为国际学生和合作伙伴提供了可靠的财务信息。

随着跨国项目的增多，高校在资金流动方面面临着透明度的要求。跨国项目的资金管理需要遵循严格的国际财务合规标准，以确保资金使用的合法性和有效性。高校必须建立健全的财务监控机制，以应对国际合作中对财务合规性的监督与管理需求。这不仅包括对资金流动的监控，还涉及对财务风险的评估和控制。多币种交易中的汇率管理与财务风险控制需求，要求高校具备专业的财务团队，能够有效应对汇率波动带来的不确定性。这需要高校不断提高财务人员的专业素养和拓展国际化视野。

国际财务管理信息系统的集成与数据共享需求，促使高校在信息技术方面进行大量投资。高校需要构建高效、集成的国际财务管理信息系统，以实现全球财务数据的实时共享和分析。这不仅有助于提高财务决策的科学性和准确性，还能增强高校在国际教育市场中的竞争力。通过案例分析可以看到，成功的高校财务管理往往依赖先进的信息系统和高效的数据管理策略。这些措施不仅能够提高财务管理的效率，还能为高校的国际化发展提供有力支持。

（二）外汇风险管理

在经济全球化的背景下，高校财务管理面临着日益复杂的外汇风险管理挑战。

1. 预警机制的建立

高校需要构建完善的外汇风险预警系统，实时监测国际汇率波动对其财务状况造成的潜在影响。这种机制不仅能够帮助高校及时识别风险，还能为决策者提供准确的数据支持，以便其采取相应的应对措施，确保财务的稳健性。通过对外汇市场的动态监测，高校可以在汇率波动影响到财务之前就采取措施，以规避可能的损失。

2. 制定明确的外汇风险管理政策

这些政策需要涵盖外汇交易的审批流程和风险控制标准，确保每一笔外汇交易都在可控的风险范围内进行。高校应明确外汇交易的审批权限，设定合理的风险容忍度，并制定相应的应对策略，以保障资金的安全性。此外，政策的制定还需考虑到国际经济环境的变化，以便灵活调整风险控制措施，更好地应对外汇市场的动态变化。

3. 利用金融工具如外汇期权和远期合约进行汇率风险对冲

这些工具可以帮助高校锁定未来的汇率水平，从而减少汇率不确定性对财务的影响。通过合理运用这些金融工具，高校能够在一定程度上规避汇率波动带来的财务风险，确保财务计划的稳定性和可预测性。这不仅有助于高校的财务管理，也为其国际化发展提供了有力的保障。

4. 加强对外汇市场的研究与分析

随着外汇市场的日益复杂，高校财务管理人员需要具备更高的专业素养和市场敏感度。通过系统的培训和学习，财务人员能够更好地理解外汇市场的运作机制和趋势变化，从而在复杂的外汇环境中作出更为准确的判断和决策。这种能力的提升将直接影响高校在国际市场中的竞争力和财务稳健性。

5. 建立外汇风险管理的内部审计机制

通过定期审计，高校可以评估现有外汇风险管理措施的实际效果，并发现其中的不足。审计的结果将为高校提供改进和优化风险管理策略的依据，确保其外汇风险管理体系的持续完善。这样的机制不仅能够提升高校的财务管理水平，也为其在全球化背景下的稳健发展奠定了基础。

（三）跨境资金流动

跨境资金流动是经济全球化背景下高校财务管理必须面对的重要问题。随着国际教育合作的深化，高校在国际项目、外籍教师聘用及留学生管理等方面的资金流动日益频繁。这种资金流动不仅涉及外汇兑换，还需要处理不同国家间的金融交易，这对高校的财务管理提出了新的挑战。如何在确保资金安全的同时，实现高效的资金使用，成为高校财务管理的重要课题。

在跨境资金流动过程中，合规性要求是高校财务管理必须严格遵循的原则。各国对资金流动的法律法规各异，高校在进行国际资金交易时，必须确保遵循相关法律，以避免法律风险。例如，外汇管制政策的不同可能影响资金的转移速度和成本。因此，高校需要建立健全的合规管理体系，确保每一笔国际资金交易都符合所在国的法律要求，从而避免法律不合规导致的经济损失和声誉风险。

高校的财务流动性在很大程度上受到跨境资金流动的影响。资金流入和流出速度的不确定性，可能导致高校在短期内面临流动性紧张的局面。国际资金流动的波动性使得高校必须保持一定的流动性储备，以应对突发的资金需求。同时，高校还需优化资金的使用效率，确保在资金流入不稳定的情况下，仍能维持正常运作。这就要求高校在财务管理中，建立灵活的资金调度机制，以应对跨境资金流动带来的流动性挑战。

在跨境资金流动中，税务管理策略的优化是高校财务管理的重要任务。不同国家的税收政策差异显著，高校需要在合法合规的前提下，合理规划资金流动路径，以降低税务负担。例如，通过合理安排资金流入和流出时间，利用双边税收协定等手段，最大限度地减少税收支出，从而提高资金的使用效率。这不仅有助于节约财务成本，还能增强高校在国际合作中的竞争力。

跨境资金流动伴随各种财务风险，如汇率风险、信用风险和操作风险等。高校需要建立有效的风险控制措施，以确保财务安全。第一，应建立健全的风险监测机制，及时发现和评估潜在的风险因素。第二，制定应对策略，如利用金融工具对冲汇率风险，选择信誉良好的国际合作伙伴，严格控制资金操作流程等。通过这些措施，高校可以有效降低跨境资金流动带来的财务风险，保障财务稳定。

跨境资金流动对高校的财务决策有着深远的影响，特别是在预算编制和资金使用方面。由于国际资金流动的不确定性，高校在预算编制时需要考虑更多的不确定因素，以确保预算的可行性和灵活性。此外，资金的跨境流动也要求高校在资金使用上更加谨慎，合理分配资源，避免因资金流动性不足影响教学科研活动。高校需要在财务决策中，充分考虑跨境资金流动的特点，制订科学合理的预算和资金使用计划，以实现财务目标的最大化。

二、国内经济政策变化对高校财务管理的挑战

（一）政策适应性分析

政策变化对高校财务预算编制影响显著，要求高校及时调整预算，以适应新的政策导向和资金分配标准。高校在预算编制过程中，需要密切关注政策的动态，确保预算的灵活性和适应性。这不仅涉及对政策文本的解读，还需要对政策实施效果持续评估。高校财务管理部门应建立系统的预算调整机制，以便在政策发生变化时，能够快速作出反应，确保财务资源的合理配置和使用。

高校需加强对政策变化的敏感性，建立快速反应机制，以便及时应对政策调整带来的财务挑战。政策变化往往伴随新的财务管理要求和标准，高校需要迅速调整自身的财务管理策略和方法。这要求高校不仅要具备对政策变化的敏锐洞察力，还要能够在短时间内制订出应对措施，确保财务管理的连续性和有效性。此外，高校还应定期开展政策培训，提高财务管理人员对政策变化的敏感度和应对能力。

政策变化可能导致高校资金来源的多元化，需探索新的融资渠道以确保财务稳定。在国家政策导向下，高校可能面临资金来源结构的调整，传统的资金来源可能无法满足高校发展的需要。因此，高校需要积极探索多元化的融资渠道，如与企业合作、争取社会捐赠、开发增值服务等，以增强自身财务自主性和灵活性。在此过程中，高校需要具备创新的融资理念和策略，确保在政策变化的背景下，能够持续获取稳定的资金支持。

高校应加强与政府部门的沟通，确保对新政策的理解和执行，降低政策实施过程中的不确定性。政策的制定和执行往往需要政府和高校之间紧密合作，高校需要通过多种方式加强与政府部门的沟通和协调，确保对政策的准确理解和有效执行。通过定期的政策解读会、专题研讨会等，高校可以及时获取政策信息，明确政策要求，从而减少政策实施过程中的不确定性和风险。

政策适应性要求高校提升财务管理的专业化水平，培养能够应对政策变化

的财务管理人才。面对复杂多变的政策环境，高校需要不断提高财务管理队伍的专业化水平，培养一批既懂政策又精通财务管理的专业人才。这不仅涉及财务管理人员专业知识和技能的提升，还包括对政策变化的理解和应对能力的培养。高校可以通过引进高层次财务管理人才、开展专业培训、提供继续教育机会等方式，提升财务管理队伍的整体素质和应变能力。

（二）财务政策调整

在新时期的经济环境下，财务政策调整成为高校财务管理的重要议题。高校财务政策的调整不仅需要考虑自身的财务需求，还需与国家财政政策相协调，以确保资金的合理分配和使用。这种协调不仅体现在政策层面的对接上，还包括对国家经济政策变化的敏锐反应。国家财政政策的变化往往会对高校的资金来源和使用结构产生直接影响，因此高校必须在财务政策调整中体现出与国家政策的高度一致性，以有效应对外部经济环境的变化。

建立灵活的财务政策框架是应对不断变化的经济环境和政策导向的关键。高校需要在财务管理中更具灵活性，以提升其适应能力。这不仅涉及政策的制定，还包括政策执行过程中的灵活调整。灵活的财务政策框架可以帮助高校在面对突发经济变化时，迅速作出反应，调整财务策略，确保财务管理的连续性和有效性。通过这种方式，高校可以在复杂多变的经济环境中保持财务稳定，保障教育和科研活动的顺利开展。

优化高校财务政策的透明度是确保各项财务决策和资金使用过程公开与监督的重要措施。财务透明度的提升不仅有助于提高高校财务管理的公信力，还能有效防范财务风险。通过建立透明的财务政策，高校可以在政策执行过程中，接受来自内部和外部的监督，确保财务管理的各个环节都在阳光下运行。财务政策的高透明度不仅能增强各利益相关者对高校财务管理的信任，还能促进高校财务管理水平的不断提升。

加强对财务政策执行效果的评估是提高财务管理效率和效果的重要手段。高校财务政策的执行效果直接关系到财务管理目标的实现。因此，建立科学的评估机制，及时调整不合理的政策措施，是确保财务管理有效性的关键。通过定期的评估和反馈，高校可以识别出财务管理中的薄弱环节，及时采取改进措施，以确保财务政策执行效果的最大化。这种动态的评估机制不仅能提高财务管理的效率，还能为未来的财务政策调整提供重要的依据。

（三）政策风险应对

政策风险应对是高校财务管理中至关重要的环节。

1. 建立有效的政策风险识别机制

这一机制的核心在于定期评估政策变化对高校财务管理的潜在影响，以便能够及时调整应对策略，保障财务管理的稳健性。通过对政策变化的敏锐把握，高校可以预见可能的财务挑战，从而提前制定相应的应对措施，确保在政策调整时能够迅速作出反应并保持财务稳定。

2. 完善财务管理的应急预案

高校需要针对可能的政策风险制定详细的应对措施，以便在政策变化时能够迅速采取行动，保持财务的稳定性。具体措施包括建立灵活的预算调整机制和资金调度方案等，以应对政策带来的不确定性。同时，高校应定期检视和更新其应急预案，以确保其在实际操作中具备可行性和有效性。

3. 加强财务管理人员的政策培训

通过系统的政策培训，财务管理人员可以提高对政策变化的敏感性和应对能力，从而确保团队能够有效执行财务调整措施。这不仅有助于财务管理人员在复杂的政策环境中作出快速反应，还能提升整个团队的专业素养和危机处理能力，确保高校财务管理的持续稳定。

4. 建立与政府部门的定期沟通机制

通过定期沟通机制，高校可以及时获取最新的政策动态，并进行深入解读，以确保其财务管理与政策导向保持一致。这种沟通机制不仅有助于高校在政策变化时迅速作出反应，还能为高校争取更多的政策支持和资源，促进其财务管理的健康发展。

5. 探索多元化的融资渠道

在政策变化可能导致资金短缺的情况下，高校可以通过拓展融资渠道来确保财务资源的稳定性和灵活性。这包括与金融机构建立战略合作关系，开发校企合作项目，以及利用社会资本等多种方式，以增强高校在政策变化中的财务抗风险能力，保障其长远发展。

三、经济周期对高校财务规划的影响

（一）经济周期识别

经济周期识别是高校财务管理中至关重要的一环。经济周期通常包括四个阶段：扩张期、顶峰期、衰退期和复苏期。扩张期是指经济活动逐渐增加的阶段，特征是生产、就业和收入的持续增长。顶峰期是经济活动达到最大值的阶段，通常伴随通货膨胀的压力。衰退期是经济活动下降的阶段，表现为生产和就业的减少，经济增长放缓甚至出现负增长。复苏期则是经济活动回升的阶段，市场需求逐步恢复。识别这些阶段的变化，对于高校制定适应性财务策略至关重要。

经济周期对高校收入来源影响显著。在经济增长的扩张期，财政拨款和学费收入通常均有增加，因为政府财力增强，家庭支付能力提升。然而，在经济衰退期，财政拨款可能减少，学费收入也可能受到影响，因而高校需要在收入结构上进行调整。通过分析经济增长与财政拨款、学费收入之间的关系，高校可以更好地预测收入变化，制订相应的财务计划，以确保资金的稳定性和可持续性。

经济周期的变化对高校支出结构同样有深远影响。在不同的经济阶段，高校需要调整支出优先级与策略。例如，在经济扩张期，高校可能会增加对基础设施建设和科研项目的投资；在经济衰退期，则需要更加谨慎地管理支出，可能会优先考虑维持基本运营和支持学生的核心项目。因此，理解经济周期对支出结构的影响，有助于高校在不同经济环境下进行合理的财务规划。

高校在面对经济周期波动时，财务规划的灵活性尤为重要。动态预算管理和应急财务策略是应对经济不确定性的有效手段。通过动态调整预算，高校可以更好地应对收入的波动和支出的变化。此外，建立应急财务策略能够帮助高校在经济环境突变时迅速反应，确保财务健康和稳定。这样的灵活性不仅保障了高校的日常运营，也为其长期发展提供了坚实的基础。

经济周期对高校长期发展战略的影响不可忽视。高校需要根据经济环境的变化，调整发展目标与资源配置。在经济扩张期，高校可以积极拓展新的学科领域或项目，吸引更多的学生和研究资金。在经济衰退期，则需要更加注重资源的高效配置和现有项目的优化。通过灵活调整发展战略，高校能够在经济周期的波动中保持竞争力并实现可持续发展。

（二）财务规划调整

在新时期的经济环境下，高校财务管理面临着诸多挑战，特别是经济周期的波动对财务规划的影响尤为显著。财务规划调整成为应对经济周期变化的关键举措。建立动态财务规划机制是高校在经济周期中保持财务稳定的核心策略。高校根据经济周期的变化及时调整财务目标和预算分配，可以确保资源的有效利用，从而避免经济波动带来的资源错配问题。动态财务规划机制要求高校财务部门不仅要具备前瞻性，还需具有灵活性，以便在经济环境变化时迅速作出反应，调整财务规划。

加强对经济指标的监测与分析是财务规划调整的基础。通过对经济周期变化的提前识别，高校可以制定相应的财务应对策略，以降低潜在的财务风险。这一过程涉及对宏观经济指标的深入分析，如国内生产总值增长率、通货膨胀率、利率等，通过对这些指标的动态监测，高校能够预判经济周期的变化趋势，并在此基础上调整财务规划。同时，建立有效的预警机制和信息反馈系统，可以帮助高校在经济环境发生重大变化时及时调整财务策略，确保财务安全。

优化资金配置策略是经济周期对高校财务规划影响的重要方面。针对不同经济周期阶段，高校需要分别调整投资方向和重点项目，以确保财务资源的合理分配与使用。在经济上行周期，高校可以增加对创新项目和基础设施的投入；在经济下行周期，则需更加谨慎地管理资金，优先保障核心教学和科研项目的资金需求。通过对资金配置的优化，高校能够在不同经济周期中保持财务稳定，并为未来的发展奠定坚实的基础。

实施财务规划的灵活性评估是确保财务规划能够适应外部经济环境变化的重要手段。通过定期的审查与反馈机制，高校可以不断评估财务规划的执行效果，并根据实际情况进行调整。这一过程不仅有助于提高财务规划的有效性，还能增强高校财务管理的适应能力，使其在面对经济周期变化时更加从容。此外，灵活性评估还有助于高校识别财务规划中的潜在问题，及时采取措施进行修正，避免财务风险的积累。

强化财务团队的专业培训是提升高校财务管理应对经济周期波动能力的关键。通过系统的培训，财务团队可以提高对经济周期波动的敏感度和应变能力，从而更好地支持高校在不同经济阶段的财务决策。专业培训不仅包括对经济理论和财务管理技能的提升，还涉及对最新财务工具和技术应用能力的培养。通过不断提高财务团队的专业素质，高校可以在复杂多变的经济环境中保持财务管理的高效性和稳定性。

四、货币政策调整对高校资金管理的影响

（一）利率变化应对

在新时期的高校财务管理中，货币政策的调整，尤其是利率的变化，给高校资金管理带来了新的挑战。利率变化应对成为高校财务管理中不可忽视的部分。为了应对金融市场利率波动带来的不确定性，高校需要建立灵活的利率风险管理机制。这一机制的核心在于通过科学的预测和分析，及时调整财务策略，确保高校资金的安全性和流动性。在此背景下，高校应积极制定多元化的融资策略，利用不同的金融工具和信贷产品，降低利率上升对资金成本的影响。通过合理的组合和优化，最大限度地减轻利率波动对高校财务管理的冲击。此外，加强与金融机构的沟通，及时获取利率变化信息也是至关重要的。通过建立紧密的合作关系，高校可以在利率调整的第一时间获取信息，从而快速调整资金管理策略，确保财务管理的灵活性和前瞻性。

实施利率敏感性分析是高校应对利率变化的重要手段之一。通过对利率变化的敏感性分析，高校可以评估其对财务状况和预算的潜在影响。这一分析不仅有助于识别财务风险，还能为决策提供数据支持，使高校能够在利率变化中保持财务稳定。同时，高校也需要开展利率风险教育与培训，提高财务管理团队对利率变化的识别和应对能力。通过系统的培训，财务管理人员可以更好地理解利率变化的规律和影响，从而在实际操作中作出更为精准的判断和决策。这种能力的提升，不仅能增强团队的专业素养，还能提高整个高校财务管理的效率和效果。在新时期的经济环境下，高校财务管理需要不断创新和调整，以适应外部环境的变化。通过有效的利率变化应对策略和机制，高校可以在复杂的经济环境中保持稳健的财务状况，为教育事业的发展提供坚实的财务保障。

（二）资金流动性管理

资金流动性管理是确保高校在资金需求变化时能够迅速响应的关键。为此，建立流动性管理指标体系尤为重要。通过定期评估资金流动性状况，高校可以

及时了解自身的资金运作情况，从而在资金需求发生变化时，能够迅速作出反应。此举不仅有助于高校在日益复杂的经济环境中保持财务稳定，也为其日常运营提供了坚实的保障。

现金流预测是高校资金流动性管理的重要环节。通过历史数据和市场趋势分析，高校能够提前识别潜在的资金短缺风险，并制定相应的应对策略。这种前瞻性的管理方法，不仅可以帮助高校在资金流动性紧张时迅速采取措施，也为其制订长期财务规划提供了数据支持。此外，精准的现金流预测也可以有效防止资金的过度闲置，提高资金的使用效率。

优化资金使用效率是提高高校资金流动性管理水平的重要手段。合理安排资金周转周期，能够降低闲置资金比例，从而提高资金的使用效益。高校应根据自身的资金流动特点，制订科学的资金使用计划，以实现资源的最优配置。这不仅有助于提升高校的财务管理水平，也为其在激烈的市场竞争中保持优势提供了有力支持。

与银行及金融机构的合作是高校应对资金流动性挑战的有效途径。通过加强与这些机构的合作，高校可以获得更多灵活的融资渠道和信贷支持，从而在产生突发的资金需求时能够迅速获得资金支持。这种合作关系的建立，不仅可以帮助高校缓解短期资金压力，也为其长期发展提供了稳定的资金保障。

应急资金管理机制是高校应对资金流动性风险的最后一道防线。合理的应急预案能够确保高校在资金流动性紧张时迅速调动资源进行应对。应急机制的建立，不仅有助于高校在突发事件中保持财务稳定，也为其日常运营提供了安全保障。通过制定科学的应急预案，高校可以在不确定的经济环境中，保持财务的灵活性和应变能力。

（三）资金成本控制

资金成本控制不仅是财务管理的核心任务之一，也是提高高校资金使用效率的关键。建立全面的资金成本控制体系至关重要，要求高校明确各项资金使用的标准和分类，确保各部门在预算范围内合理使用资金。通过细化资金使用标准，高校可以有效避免资金浪费，确保每一笔资金都能够为高校的发展发挥最大效用。同时，资金成本控制体系的建立也有助于提高高校财务管理的透明度，增强各部门在资金使用上的责任感。

定期的资金成本分析是高校资金管理中不可或缺的一环。通过对资金使用情况进行数据监测与对比，高校能够及时发现并纠正超支行为，从而提升资金使用的效率。这一过程不仅需要财务部门具备专业分析能力，还需要各部门的积极配合，通过多方协作，确保资金流向的合理性和必要性。定期分析还可以为高校的资金管理提供科学依据，使得决策者能够根据实际情况进行调整，从而更好地应对经济环境的变化。

引入绩效考核机制，将资金成本控制与各部门的绩效挂钩，是提高资金使用效率的有效手段。通过这种方式，高校能够激励各部门在资源使用上更加谨慎，确保资金的合理配置。绩效考核不仅能够提高员工的积极性，还能推动高校在资金管理上不断创新。通过对各部门资金使用效果的考核，高校可以发现资金管理中的薄弱环节，及时采取改进措施，从而不断优化资金使用结构。

加强采购管理是降低资金成本的重要策略。通过集中采购和供应商管理，高校可以有效降低物品和服务的采购成本，提升整体资金使用效益。集中采购不仅能够提高采购效率，还能通过规模效应获得更优惠的价格。此外，供应商管理的优化能够确保采购物品的质量和供应的稳定性，避免供应链问题导致的资金浪费。通过这一系列措施，高校能够在有限的预算内实现资源的最优配置。

开展资金成本控制培训，对于提高全体员工的成本意识具有重要意义。通过系统的培训，能使员工在日常工作中自觉执行资金成本控制措施，形成良好的资金管理氛围。培训不仅能够提高员工的财务素养，还能增强他们对高校财务管理目标的认同感。在培训过程中，高校还可以通过案例分析等方式，使教职工更加直观地理解资金成本控制的重要性，从而在实际工作中更好地运用相关知识。

第三节　科技进步对高校财务管理的推动作用

一、大数据技术在高校财务决策支持中的作用

（一）大数据技术的基本概念

大数据技术是专门用于处理和分析海量、高速、多样的数据的技术体系。其涵盖了从数据采集、预处理、存储、处理、分析到可视化的一系列技术和方法，旨在从规模庞大、类型复杂的数据集中提取有价值的信息和知识，为决策提供支持。

大数据技术的主要特点包括：

数据量大：大数据技术的处理对象通常是TB、PB甚至EB级别的数据量，远超传统数据库系统的处理能力。

数据类型多样：大数据不仅包括结构化数据（如关系数据库中的表格数据），还包括半结构化和非结构化数据（如文本、图片、视频、音频等），数据类型丰富多样。

处理速度快：大数据技术强调实时或近实时的数据处理和分析能力，以满足现代社会对快速响应和数据洞察的需求。

价值密度低：大数据中的有价值信息往往只占很小的一部分，需要利用高效的数据挖掘和分析技术来提取和利用。

此外，大数据技术还具有真实性高、可变性、复杂性等特点，要求处理和分析过程中保持数据的准确性，及时应对数据变化，并能够处理复杂的数据关系和关联。

（二）高校财务数据分析与预测

高校财务数据分析与预测在现代财务管理中扮演着至关重要的角色。通过科学的分析方法，财务管理者能够更好地理解和掌握财务数据的内在规律和发展趋势。描述性统计、回归分析和趋势分析等基本方法为财务数据的解读提供了有力工具。这些方法不仅能帮助识别财务数据中的关键模式，还能揭示出潜在的财务异动和风险点，从而为高校的财务决策奠定坚实基础。通过这些分析手段，高校能够在复杂多变的财务环境中保持敏锐的洞察力，推动财务管理的科学化和精细化。

利用大数据技术进行财务预测是高校财务管理的重要创新。大数据技术的应用使得财务预测不局限于历史数据的简单延伸，而是结合市场趋势进行综合分析。通过对庞大数据集的处理和分析，预算编制的准确性和前瞻性得以显著提升。这种前瞻性不仅体现在对未来财务状况的预测上，更在于对潜在市场变化的敏锐捕捉。高校能够通过这种方式，优化资源配置，提升资金使用效率，从而在激烈的竞争环境中占据有利地位。

数据可视化技术的引入，使得复杂的财务数据能够以直观的图表和报告形式呈现给决策者。通过数据可视化，财务管理者可以更清晰地看到数据之间的关系和趋势，这种直观地呈现方式大大增强了决策者的理解和洞察能力。图表和报告不仅是数据的展示工具，更是财务决策的辅助工具。高校管理层可以通过这些可视化工具快速获取关键信息，作出明智的决策，确保财务管理的高效性和准确性。

建立实时数据监控系统是高校财务管理现代化的重要步骤。通过该系统能够实时获取和分析财务数据，为管理者提供最新的财务动态。通过实时监控，财务管理者可以在第一时间发现财务异常，并迅速采取应对措施。这种快速反应机制不仅能够提高财务管理的灵活性，也能够增强高校应对外部环境变化的能力。实时数据监控系统的应用，使得财务策略的调整更加灵活，确保高校能在财务管理上始终保持主动。

机器学习算法的应用为财务数据的深度分析提供了新的可能。通过机器学习，高校能够从海量的财务数据中识别出潜在的财务风险和机会。这种智能化的分析手段，不仅能够提高高校的财务风险控制的水平，还能够为其财务决策提供新的视角。机器学习算法能够自动识别数据中的异常模式，为财务管理提供预警，帮助高校在复杂多变的财务环境中，保持稳健的发展态势。智能化的财务管理，正逐渐成为高校提升竞争力的重要途径。

（三）高校财务决策支持系统优化

在新时期的高校财务管理中，科技进步尤其是大数据技术的应用，正在深刻地改变传统的财务决策支持模式。高校财务决策支持系统的优化，不仅是对技术的挑战，更是对管理理念的革新。高校财务管理人员需要在理解和应用新技术的同时，确保系统的集成化和智能化，以提升决策的科学性和效率。

1. 建立集成化的财务决策支持系统

通过整合各类财务数据，系统能够提供更全面的财务信息，提升数据访问的便捷性和准确性。这种集成化不仅涉及财务数据的统一管理，还包括与其他管理系统的接口对接，从而形成一个完整的财务信息网络。这种网络化的系统结构，有助于财务管理人员快速获取所需信息，支持其进行实时的财务分析和决策。

2. 引入智能分析工具

通过先进的算法模型，对财务数据进行深度挖掘，可以识别潜在的财务发展趋势和风险。这种智能化的分析过程，不仅提高数据处理的效率，还增强财务管理的前瞻性和精准性。通过对历史数据的分析，财务管理人员可以预测未来的财务状况，从而制定更具针对性的财务策略，降低财务风险。

3. 用户界面的优化设计

确保财务决策支持系统易于使用，是提升财务管理人员操作效率的重要保障。友好的用户界面，不仅可以减少操作失误，还能提升用户的使用体验。通过人性化的界面设计，财务管理人员可以更加专注于数据分析和决策制定，而不是被烦琐的操作步骤所困扰。

4. 制订系统使用培训计划

通过系统的培训，财务团队可以更好地理解和应用新的决策支持系统。这不仅有助于提升团队的技术水平，还能促进团队成员之间的协作，提高整体的财务管理能力。培训计划应包括系统功能的详细介绍、操作流程的演示以及常见问题的解决方案等内容，以确保每位团队成员都能熟练使用系统。

二、云计算平台在高校财务资源共享中的实践

（一）云计算平台的基本概念

云计算平台是指通过互联网提供计算资源和服务的技术架构，具有按需服务、广泛网络接入、资源池化、快速弹性和可计量服务等特点。这些特点使得云计算平台能够有效支持高校财务管理的多样化需求。云计算通过虚拟化技术将计算资源进行整合和优化，从而实现资源的高效利用与管理。这一技术的核心在于通过分布式计算和存储技术，将大量的计算任务分散到多个服务器节点上，以提高计算效率和存储能力。

在高校财务管理中，云计算平台的应用场景广泛且多样。第一，云计算可以用于财务数据的集中存储与管理，提供安全可靠的数据备份和恢复机制，保障财务信息的完整性和安全性。第二，云计算可以支持财务报表的自动生成与分析，通过大数据技术进行财务趋势预测与风险评估。第三，云计算还可以实现财务系统的集成与协同，打破“信息孤岛”，实现财务信息的实时共享与交流。这些应用场景的实现，使得高校财务管理在数据处理和决策支持方面更加智能和高效。

云计算平台在财务数据存储与处理方面也展现出显著优势。通过云计算，财务数据的存储不再依赖于本地硬件设备，而是分布在云端的多个数据中心，

从而提高数据的安全性和可用性。同时，云计算的高并发处理能力也能够满足高校财务管理中快速处理大量数据的需求，提升数据分析的效率和准确性。此外，云计算平台还支持多用户的高并发访问，确保财务信息的实时更新与共享。这些优势使得高校在财务管理中能够更好地应对复杂的数据处理任务。

云计算技术的应用极大地提升了高校财务管理的灵活性与效率。通过云计算平台，高校可以根据实际需求灵活调整计算资源的配置，实现财务系统的动态扩展与缩减。这种灵活性使得高校能够在不增加硬件投入的情况下，迅速响应财务管理需求的变化。此外，云计算平台提供的自动化运维工具，可以显著降低财务系统的管理成本，提高运维效率。通过自动化的监控与管理，高校可以实时掌握财务系统的运行状态，及时发现并解决潜在问题。

（二）高校财务资源的整合与共享

高校财务资源的整合与共享是现代高校管理中一个重要的课题。随着信息技术的飞速发展，特别是云计算技术的广泛应用，高校能够更高效地整合和共享财务资源。云计算平台通过其强大的数据处理能力和灵活的资源配置，促进了高校财务信息的实时共享。这种实时共享不仅提升了各部门之间的协作效率，还减少了信息孤岛现象，使得财务信息可以在更大范围内被获取和使用。这一过程的实现依赖于云计算平台的开放性和兼容性，能够支持不同系统之间的数据交互，从而实现资源的最优配置和使用。

云计算技术的应用在优化财务数据的存储与管理方面也起到了关键作用。传统的财务管理系统通常面临高昂的维护成本和复杂的升级流程，云计算平台则通过集中化的数据管理，大幅降低了这些成本。高校可以利用云计算的弹性存储和计算能力，根据实际需求动态调整资源，避免资源浪费。同时，云计算平台的安全性和稳定性也为财务数据的存储提供了可靠的保障，确保财务信息的完整性和安全性。

在财务决策过程中，云计算平台支持多方参与，增强了透明度和信息的可获取性。这种多方参与的决策过程，不仅提高了财务决策的科学性，也促进了高校内部各部门之间的沟通与协作。通过云计算平台，各部门能够实时获取所需的财务信息，进行数据分析和预测，从而作出更加准确和合理的决策。透明的决策过程也有助于增强高校财务管理的公信力和透明度，使得决策过程更加公开和公平。

云计算在高校财务管理中还实现了财务资源的集中管理，有效减少了资源浪费，提高了资金使用的效率。通过云计算平台，高校可以将财务资源进行整合，形成统一的资源池。这种集中管理模式不仅减少了资源浪费，还提高了资金的使用效率，使得有限的财务资源能够得到最优配置。此外，云计算平台的智能分析功能还能够帮助高校进行财务风险的预测和控制，进一步提升财务管理的效率和效果。

云计算平台为高校财务管理提供了灵活的扩展能力，支持在不同业务需求下快速调整资源配置。随着高校业务的不断拓展，财务管理的需求也在不断变化。云计算平台的可扩展性使得高校能够根据实际需求快速调整资源配置，满足不同业务场景下的财务管理需求。这种灵活性不仅提高了财务管理的适应性，还增强了高校应对外部环境变化的能力，为高校的可持续发展提供了有力支持。

三、移动互联网对高校财务管理服务模式的创新

（一）移动互联网的基本概念

移动互联网是指通过无线通信技术，将互联网的功能延伸到移动设备上，使用户能够随时随地访问网络资源。其基本特征包括便携性、实时性和广泛的覆盖范围。移动互联网的发展不仅深刻改变了信息传播的方式，也对各行业的管理模式产生了深远影响。

移动互联网在高校财务管理中有着重要的应用。第一，移动互联网的便携性使得财务管理能够突破时间和空间的限制，财务人员可以在任何地点进行数据处理和决策分析。第二，移动互联网的实时性特点使得财务信息的更新更加及时，管理者能够第一时间获取最新的财务动态，快速作出反应。第三，移动互联网的广泛覆盖为高校财务管理提供了更广泛的数据来源和交流平台，促进了信息的共享和协同处理。这些特征共同推动了高校财务管理模式的创新与变革。

（二）移动支付与结算

在新时期的高校财务管理中，移动支付与结算技术的应用日益广泛。移动支付的灵活性和便利性使其成为高校财务管理的重要工具。通过移动支付系统，学生和教职工可以轻松完成学费缴纳、住宿费支付以及校园消费等多种交易。这种方式不仅提高了财务结算的效率，还有效降低了传统支付方式的时间成本。

传统的支付方式往往需要耗费大量时间进行核对和处理，移动支付则能通过快速的电子转账实现即时结算，极大地提升了财务工作的效率。

移动支付技术的应用还大大提高了高校财务管理的透明度。通过实时监控资金流动，高校财务部门能够更清楚地掌握资金的使用情况。这种透明度不仅有助于提高财务管理的规范性，也为相关决策提供了可靠的数据支持。通过实时监控系统能够及时发现资金流动中的异常，使得高校迅速采取措施，确保资金的安全与合理使用。此外，移动支付的普及也促使高校财务管理逐渐向智能化和信息化方向发展，为未来的财务管理模式创新奠定了基础。

强大的数据分析能力是移动支付技术的另一大优势。在高校财务管理中，移动支付系统能够收集和分析大量的交易数据，为财务决策和预算管理提供重要参考。通过对这些数据进行深入分析，高校可以更准确地预测资金需求，优化预算分配，提高资金使用效率。同时，数据分析还可以帮助高校识别出不合理的支出，制定更为科学的财务管理策略。借助移动支付的数据分析能力，高校能够实现精细化管理，进一步提升财务管理水平。

移动支付的应用不仅在技术层面带来了变革，也在用户体验上产生了积极的影响。通过移动支付系统，师生可以享受到更加便捷和高效的支付服务，极大地提高了他们的满意度和参与度。以往烦琐的缴费流程被大大简化，减少了等待时间和操作复杂性，使得财务管理服务更加贴近用户需求。这种改善不仅提升了用户的支付体验，也增强了他们对高校财务管理工作的信任和支持，为高校营造了良好的财务管理氛围。

（三）在线财务服务平台

在线财务服务平台在高校财务管理中扮演着越来越重要的角色。其涵盖了实时财务数据查询、在线报表生成以及提供财务分析工具等方面。这些功能使得财务信息的获取更加便捷与高效，用户能够随时随地了解最新的财务状况和分析结果。通过这些功能，在线平台不仅提升了高校财务管理的效率，还为决策者提供了更为翔实的数据支持，显著增强了财务决策的科学性和准确性。

在提高财务透明度方面，在线财务服务平台发挥了重要作用。平台通过开放财务信息渠道，使得师生能够更容易地获取和理解财务信息。这种透明度的提升，有助于消除信息不对称，增强高校内部的信任感和凝聚力。此外，透明的财务信息也促使高校管理层在资源配置和使用上更加审慎和合理，有助于推动高校财务管理的现代化进程。

在线财务服务平台还对高校财务管理流程进行了显著优化。传统的财务操作往往烦琐且耗时，而在线平台通过自动化和智能化的手段，简化了许多繁杂的流程。无论是报销、预算调整还是资金划拨，都可以在平台上高效完成，大幅提高了工作效率。这种流程的优化不仅节省了人力资源，也减少了人为错误的可能性，提升了财务管理的整体质量。

预算管理与财务预测是高校财务管理的重要组成部分，在线财务服务平台在这方面的应用尤为突出。通过平台，财务人员可以实时监控预算执行情况，及时发现偏差并进行调整。同时，平台提供的预测工具也有助于高校在财务决策中更加前瞻性地进行规划。这种基于数据的管理方式，使高校能够更灵活地应对外部环境的变化，确保财务资源的合理配置。

在线财务服务平台极大地提升了高校师生的财务服务体验。用户可以通过平台进行各类财务操作，如查询账户余额、提交报销申请等，极大地简化了财务事务的办理流程。这种便捷性不仅提高了用户的参与度，也显著提升了用户的满意度。在线平台的推广和应用，使得高校财务服务更加贴近用户需求，真正实现了以人为本的服务理念。

四、人工智能在高校财务流程自动化中的探索

（一）人工智能的基本概念

人工智能作为一门新兴技术，正在迅速改变各个行业的运作方式。其基本概念涉及机器学习、自然语言处理和计算机视觉等领域，旨在通过模拟人类智能来完成复杂的任务。在高校财务管理中，人工智能的应用可以极大地提高工作效率，减少人为错误。其核心在于通过算法和数据分析，帮助财务人员在海量数据中提取有用的信息，从而作出更准确的财务决策。人工智能的不断进步为财务管理带来了新的机遇和挑战，需要高校财务部门进一步探索其潜力。

人工智能在高校财务管理中的应用领域广泛，涵盖了预算编制、成本控制、财务分析等多个方面。通过引入智能化的财务管理系统，高校能够实现财务流程的自动化和智能化。例如，在预算编制过程中，人工智能可以通过分析历史数据和预测未来趋势，自动生成符合高校发展规划的预算方案。此外，人工智能还可以在财务分析中，帮助财务人员快速识别异常数据和潜在风险，从而提高财务管理的安全性和准确性。

（二）智能报表生成

在新时期的高校财务管理中，智能报表生成技术逐渐成为提升效率的重要工具。智能报表生成通过自动化的方式快速生成财务报表，减少了人工操作的烦琐步骤和人为错误的可能性。这一技术的应用不仅提高了工作效率，还将财务人员从繁重的重复性工作中解放出来，专注于更具战略意义的分析和决策工作。智能报表生成的出现，使得高校财务管理能够更好地适应快速变化的外部环境，提升了整体的管理水平。

智能报表生成在高校财务管理中的重要性不容忽视。智能报表生成是指利用人工智能技术，自动从财务数据中提取、整理并生成标准化的财务报告。这一过程不仅提高了数据处理的速度和准确性，还能够根据不同的管理需求，灵活调整报表的格式和内容。在高校财务管理中，智能报表生成的重要性体现在其能够为决策者提供及时、准确的财务信息支持上，有助于管理层快速应对财务状况的变化，作出科学合理的决策。

智能报表生成技术的核心算法与实现方法是其成功应用的关键。通常，这些算法包括数据挖掘、机器学习和自然语言处理等技术，能够从海量的财务数据中提取有价值的信息，并自动生成符合规范的财务报表。通过这些技术，智能报表生成能够高效处理复杂的财务数据，确保数据的准确性和完整性。同时，智能报表生成还可以根据用户的特定需求，定制化生成不同类型的报表，以满足多样化的财务分析需求。

智能报表生成对财务数据处理效率的提升作用显而易见。传统的财务报表生成过程往往需要耗费大量的人力和时间，智能报表生成技术则通过自动化的方式，大幅缩短了这一过程的时间。智能报表生成不仅能够快速处理大量的财务数据，还能够在数据更新时实时生成最新的财务报表，确保高校管理层始终掌握最新的财务信息。数据处理效率的提升，为高校财务管理带来了显著的竞争优势。

智能报表生成在实时监控财务状况中的应用，为高校财务管理提供了强有力的支持。通过智能报表生成，财务管理人员能够实时获取最新的财务数据，并通过直观的报表形式，快速了解高校的财务状况。这种实时监控能力，使得管理层能够及时发现财务管理中的问题并采取相应措施，降低财务风险，提高资金使用效率。智能报表生成在实时监控中的应用，进一步提升了高校财务管理的透明度和科学性。

智能报表生成能够支持高校财务决策的科学性与准确性，是其在财务管理中价值的直接体现。智能报表生成能够为决策者提供全面、准确的财务信息，帮助其在复杂的财务环境中做出科学的决策。通过智能算法的支持，报表生成不仅能够提供过去和当前的财务数据，还能够通过预测模型提供财务趋势分析。这种全面的信息支持，极大地提高了高校财务决策的科学性和准确性，使得管理层能够在竞争激烈的环境中保持领先地位。

（三）自动化财务审核

在新时期的高校财务管理中，自动化财务审核作为一项重要的技术革新，正逐步改变传统的财务审核模式。自动化财务审核通过人工智能和大数据分析技术，实现了财务数据的智能处理和审核流程的自动化。高校财务管理部门通过自动化审核系统，不仅能够提高工作效率，还能有效减少人工审核过程中可能出现的错误和偏差。这一技术的应用，不仅推动了高校财务管理的现代化进程，也为财务管理人员的工作方式带来了创新性的变革。

自动化财务审核的基本概念是指利用计算机技术和人工智能算法，对财务数据进行自动化的审核和分析。其流程通常包括数据采集、数据分析、异常检测和结果报告等。在高校财务管理中，自动化审核系统可以实时监控财务数据的流动，通过设定审核规则和算法，自动识别出异常数据和潜在风险。财务审核流程的自动化不仅提高了审核的精确性，还为高校财务管理提供了更为科学的决策依据。

自动化财务审核在提高审核效率方面发挥了显著作用。传统的财务审核通常需要耗费大量的人力和时间，而自动化审核系统能够在短时间内处理大量的财务数据，快速完成审核任务。这不仅大大缩短了审核周期，还使财务管理人员可以将更多的精力投入战略性财务管理工作中。此外，自动化审核的高效性还体现在其能够全天候不间断地运行，确保财务数据的实时性和准确性。

自动化财务审核系统在减少人为错误方面具有明显的优势。人工审核过程中，审核人员难免会受到主观因素和外部环境的共同影响，导致审核结果出现误差。而自动化审核系统通过标准化的审核流程和严格的算法规则，能够有效避免人为因素对审核结果的干扰，确保审核结果的客观性和准确性。这对于高校财务管理的透明性和公正性具有重要意义。

在自动化财务审核过程中，数据安全与隐私保护是必须重视的关键问题。

自动化审核系统通常采用多层次的数据加密和访问控制机制，确保财务数据在传输和存储过程中的安全性。此外，系统还会定期进行安全漏洞检测和风险评估，以及时发现和修复潜在的安全隐患。通过这些措施，自动化财务审核系统能够有效保护高校财务数据的安全，为高校财务管理提供可靠的技术支持。

自动化财务审核在合规性与风险管理中具有广泛的应用。通过自动化审核系统，高校财务管理部门可以实时监控财务活动是否符合相关法规和政策要求，及时发现和纠正不合规行为。此外，系统还能够通过分析历史数据和预测未来趋势，帮助高校识别和控制潜在的财务风险。这一应用不仅提高了高校财务管理的合规性，还增强了其风险管理能力，为高校的可持续发展提供了有力保障。

第二章　新时期高校预算管理实践问题研究

第一节　高校预算编制的科学性与合理性分析

一、高校预算编制的基本流程

（一）预算编制的步骤

预算编制在高校财务管理中扮演着至关重要的角色，其步骤的科学性与合理性直接影响到高校资源的有效配置和管理。

在预算编制中，目标设定是关键的起点。明确预算的目的、范围和预期成果可以为整个预算编制过程提供方向和框架。在高校中，预算的目的不仅是满足日常的财务需求，还在于支持高校的学术研究、基础设施建设和人才培养等多方面的发展。因此，预算的目标设定需要综合考虑高校的长远发展战略和短期财务需求，确保预算的科学性和合理性。此外，预算的范围和预期成果也需要明确，以便在预算执行过程中能够进行有效的监控和评估。

预算数据的收集与分析是预算编制的重要环节。准确、全面的财务信息是预算编制的基础，数据的质量直接影响到预算的科学性和合理性。在高校中，不同部门的财务信息可能存在差异，因此数据的收集需要遵循系统的流程和标准，确保信息的准确性和一致性。同时，数据分析也需要结合高校的发展战略和各部门的实际需求，进行深入的分析和判断，以便为预算编制提供科学的依据。

预算草案的制订是预算编制过程中具有挑战性的任务之一。结合各部门的需求与高校整体发展战略进行初步编制，需要编制人员具备较强的综合分析能力和沟通协调能力。预算草案不仅需要满足各部门的财务需求，还需要与高校的长期发展规划相一致。因此，在草案制订过程中，编制人员需要与各部门进行充分沟通，了解其具体需求和未来计划，以便在预算中合理分配资源，支持高校的整体发展。

预算审核与修订是确保预算科学性和合理性的重要步骤。在这一过程中，各级管理层的审查与反馈是至关重要的。通过审核与修订，预算草案可以得到进一步完善，确保其符合高校的发展战略和财务目标。审核与修订不仅是对预算草案的检查和调整，也是对预算编制过程的反思和改进。通过这一过程，预算编制的科学性和合理性可以得到有效保障，为高校的财务管理提供坚实的支持。

（二）预算编制的时间安排

在高校预算管理中，预算编制的时间安排是确保预算工作顺利进行的关键因素之一。高校预算编制通常需要在每个财政年度开始之前进行，以便为即将到来的财年做好充分的资金准备。合理的时间安排能够使各部门在预算编制过程中有充足的时间进行数据收集、分析和预测，从而提高预算编制的准确性和可操作性。为此，高校通常会在前一年度的第四季度启动预算编制工作，以确保在新财年开始时，所有预算工作已准备就绪。

预算编制的时间节点设定是预算管理中的重要环节。各高校通常会设定明确的时间节点，要求各部门在规定的时间内提交预算草案。这些时间节点不仅包括预算草案的初审，还包括后续的审核与反馈过程。设定明确的时间节点可以确保各部门在预算编制过程中保持高效的沟通与协作，从而在规定的时间内完成预算的审核与调整。这种时间管理机制有助于减少因时间不足导致的预算编制不准确或不合理的问题。

预算编制的周期规划是高校预算管理的重要组成部分。通常，高校预算包括年度预算、季度预算和临时预算。年度预算为高校提供了整体的资金使用框架，季度预算允许对资金使用进行更为细致的规划和调整，临时预算则用于应对突发事件或特殊项目的资金需求。通过合理的周期规划，高校可以在年度、季度和临时预算之间实现资金的灵活调配，以适应不同的财务需求和环境变化。

二、高校预算编制的科学性原则

（一）数据准确性

预算编制过程中，数据准确性是确保预算科学性的重要原则。真实、及时的财务数据是预算编制的基础，直接影响各项预算指标的合理性和可行性。高校在预算编制过程中，必须依赖真实的财务记录，以免由于数据偏差导致预算失真。同时，及时的数据更新是确保预算能真实反映高校实际运营情况的关键。通过定期审查和更新预算数据，高校可以及时调整预算，以适应不断变化的内部和外部环境。

1. 建立有效的数据收集机制

各部门在预算编制阶段需要提供准确的历史数据和未来预测，以便形成完整的预算框架。这不仅要求各部门具备良好的数据管理能力，还需要有明确的数据收集流程和责任分配。通过这种机制，高校能够在预算编制的初期就获得准确的数据支持，从而提高预算编制的科学性。

2. 现代信息技术的应用

通过信息化手段，可以降低人为错误对预算编制的影响，提升数据处理的效率和精确度。例如，使用先进的数据分析软件和信息系统，高校可以实现自动化的数据收集和分析，确保预算数据的及时性和准确性。这种技术手段不仅能够提高预算编制的效率，还能够为数据的长期积累和使用提供有力支持。

3. 定期对预算数据进行审查和更新

通过这种方式，高校可以根据实际运营情况和外部环境的变化，及时调整预算，确保预算的科学性和合理性。这不仅有助于提高预算的执行效果，还能增强高校对资源的合理配置和使用能力。通过持续的数据更新和审查，高校能够更好地应对各种不确定性和挑战，确保预算编制的科学性和合理性。

（二）预测合理性

预算编制的预测合理性是确保高校财务管理有效性的关键因素。预算编制应基于对高校未来发展趋势的科学预测，结合市场环境和政策变化，确保预算目标的前瞻性和适应性。高校在进行预算编制时，必须对未来的发展方向进行全面而深入的分析，以便在预算中充分体现高校的发展战略和目标。市场环境的变化和政策的调整是影响预算编制的重要外部因素，因此高校应密切关注这些变化，以便在预算中及时反映可能对高校运营产生重大影响的因素。

通过建立多种预测模型，如定量与定性相结合，可以显著提高预算编制中各项收入和支出的预测精度，从而增强预算的可操作性。定量模型通常依赖历史数据和统计分析，能够提供客观的预测结果；定性模型则更多地依赖专家的判断和经验，以弥补定量分析的不足。通过两者的结合，高校可以更准确地预测未来的财务状况，从而制订出更为合理的预算方案。这种方法不仅提高了预算的准确性，还为高校的财务决策提供了坚实的基础。

定期对预算执行情况进行回顾与分析，是确保预算编制能够反映实际运营状况的重要步骤。通过对预算执行情况的分析，高校可以发现预算编制过程中存在的问题，并及时校正预测模型，以提高预算的准确性和实用性。这种动态调整的过程，有助于高校在预算管理中保持灵活性，并能够及时应对外部环境的变化。此外，定期的预算回顾也为高校的管理层提供了评估和改进预算编制过程的机会，从而不断优化预算管理体系。

在预算编制过程中，充分考虑各类风险因素，如经济波动、政策调整等，并制定相应的应对策略，是提高预算抗风险能力和灵活性的关键。高校面临的风险因素多种多样，可能来自内部管理的不确定性，也可能来自外部环境的急剧变化。为此，高校需要建立一套完善的风险控制机制，在预算编制时充分评估可能产生的风险并制定相应的应对措施。这样的机制不仅能够提高预算的抗风险能力，还能帮助高校在面对突发事件时迅速调整预算方案，保证高校的正常运转。

三、高校预算编制的合理性标准

（一）资源配置合理性

资源配置合理性在高校预算编制中扮演着关键角色。预算编制应确保各项资源配置符合高校的战略目标，优先支持重点学科与项目的发展，以实现资源的最优配置。这不仅有助于高校在竞争激烈的学术环境中保持领先地位，还能促进教育质量的提升。资源配置合理性要求预算编制者深入理解高校的长远发展规划，识别出需要优先发展的领域和项目，并在预算中给予充分支持。通过合理的资源配置，高校能够在有限的资金条件下，实现教育、科研和社会服务等多方面任务的有效平衡。

在预算编制过程中，充分考虑各部门的实际需求与发展潜力是确保资源分配公平性与合理性的基础。不同部门在高校中的角色和贡献各不相同，因此其资源需求也具有差异性。预算编制需要综合分析各部门的历史表现、当前需求及未来发展潜力，以确保资源分配的科学性。避免资源浪费是预算编制的重要目标之一，需要编制者具备前瞻性的视野和细致的分析能力，确保每一项资源的投入都能产生预期的效果，进而支持高校整体目标的实现。

建立科学的绩效评估体系是提高预算编制合理性的重要手段。通过定期对各项预算支出进行效果评估，高校可以及时调整资源配置策略，提高资金使用效率。绩效评估不仅可以帮助识别预算执行中的问题，还能为未来的预算编制提供数据支持和经验借鉴。科学的绩效评估体系需要明确的指标和标准，结合定量与定性分析方法，以全面评估预算执行的效果和效率。通过绩效评估，高校能够动态调整资源配置方案，确保资金的最优使用。

预算编制应综合考虑高校的长期发展与短期需求，合理配置人力、物力与财力资源，以支持高校的可持续发展。高校作为知识创新和人才培养的基地，其发展需要兼顾当前的实际需求和未来的战略目标。在预算编制中，既要满足日常运营和短期项目的资金需求，也要为高校的长远发展储备资源。这种综合考虑不仅能提高高校的抗风险能力，还能确保高校在不断变化的外部环境中保持持续的竞争力和发展动力。合理的预算编制是实现高校可持续发展的重要保障。

（二）预算目标明确性

高校预算编制中，预算目标的明确性是确保预算编制合理性的重要标准之一。预算目标应与高校的战略发展规划相一致，只有这样，才能确保各项预算支出能够有效支持高校的长远目标。例如，若高校的战略规划中强调科研能力的提升，那么预算中应明确支持科研项目的资金分配。预算目标的明确性不仅体现在与战略规划的一致性上，还需具体、可量化。具体、可量化的目标能够使各部门在执行预算时有明确的方向和标准，便于后续的执行和评估。通过这种方式，各部门可以清晰理解和落实预算要求，避免目标不明确导致的资源浪费或效率低下。

预算目标还需具备灵活性，以应对外部环境变化和内部需求的调整。高校作为知识和创新的前沿，常常面临快速变化的外部环境，如政策变动、市场需求变化等。因此，预算目标的设定需考虑到这些不确定性因素，确保在预算执行过程中能够根据实际情况进行调整。例如，若某学科领域突然获得新的发展机遇，那么预算应能够迅速调整以支持相关研究的开展。此外，预算目标的灵活性还体现在能够适应内部需求的变化，如学生人数的增减、课程设置的调整等。

在预算目标的设定过程中，充分考虑利益相关者的意见和需求是提升预算编制合理性和可接受性的重要途径。高校预算涉及多个利益相关者，包括教学人员、学生、行政管理者、政府部门等。各方的需求和意见对预算目标的设定有直接的影响。在预算编制过程中，应通过多种渠道收集和分析各利益相关者的意见，确保预算目标的设定能够平衡各方利益。例如，通过召开预算编制听证会、进行问卷调查等方式，收集各方对预算目标的看法和建议，从而在编制过程中进行合理的调整和优化。

四、高校预算编制的协调与沟通机制

（一）内部沟通渠道

高校预算编制的成功实施依赖高效的内部沟通渠道。内部沟通渠道的建立是确保各部门在预算编制过程中能够及时分享信息和反馈意见的关键。通过建立定期会议机制，各部门可以在预算编制的不同阶段进行深入的交流与讨论。这种机制不仅有助于信息的透明化，还能及时解决各部门在预算编制过程中遇到的问题，确保预算编制的科学性与合理性。

为了进一步增进预算编制过程中的沟通与协调，高校可以设置专门的预算协调小组。该小组的职责是负责跨部门沟通，解决预算编制中的疑问和冲突。通过这种方式，预算协调小组能够在不同部门之间架起沟通的桥梁，确保各方利益得到平衡。预算协调小组的存在，使得预算编制不再是单一部门的任务，而是全校共同参与的过程，提升了预算编制的整体效率。

在现代信息技术的支持下，利用内部通信平台发布预算编制相关的通知和进展，是提高信息透明度的重要手段。通过这一平台，教职工可以随时了解预算编制的最新动态，不仅增强了他们对预算编制过程的理解与支持，也有助于提高预算编制的透明度和公信力。信息的及时传达与反馈，使得预算编制过程更加开放和民主。

高校还可以通过开展预算编制培训与研讨活动，提高各部门对预算编制流程和要求的认识。这些活动能够促进各部门共同参与与协作，使教职工更加明确预算编制的目标和意义。通过培训和研讨，教职工可以掌握预算编制的基本技能和知识，提高他们在预算编制过程中的参与度和积极性。这不仅有助于提高预算编制的质量，也为高校的整体财务管理水平提供了有力支持。

（二）外部协调机制

外部协调机制在高校预算编制中起着至关重要的作用。高校作为教育和科研的重要载体，其预算编制不仅关系校内资源的合理配置，也直接影响教育质量的提升和科研水平的提高。因此，建立有效的外部协调机制是确保预算编制科学性和合理性的重要途径。与政府部门的沟通机制是外部协调机制的核心之一。高校必须确保其预算编制符合国家政策和法规要求，以获取必要的财政支持与指导。政府部门通常是高校预算的重要来源之一，只有通过有效的沟通与协调，高校才能在政策框架内进行合理的预算分配，确保各项教育和科研活动的顺利开展。

高校还需积极寻求与社会各界的合作，尤其是企业和行业协会的支持。这种合作不仅能够为高校提供更多的外部资源和资金支持，还能增强预算编制的灵活性和多样性。通过与企业的合作，高校可以获得更多的实习和就业机会，进而提升学生的实践能力和就业竞争力。与此同时，行业协会的支持可以帮助高校更好地了解行业动态和市场需求，从而在预算编制中更加精准地配置资源，满足社会对高等教育的多样化需求。

为了进一步提高预算编制的科学性和合理性，高校还应与其他高校建立交流平台。通过该平台，高校可以分享预算编制的经验和实践，借鉴他校的成功案例，提升自身的预算管理能力。交流平台还可以促进高校之间的合作研究，推动预算编制方法的创新与优化。这种跨校合作不仅有助于提高预算编制的质量，还能增强高校之间的联系和协作，共同应对教育领域的挑战和变化。

与学术界的合作也是外部协调机制的重要组成部分。高校可以邀请专家、学者参与预算编制的评估与优化，确保预算决策的专业性和前瞻性。学术界的参与能够为高校提供最新的研究成果和理论支持，帮助高校在预算编制中采用更为科学的方法和工具。专家、学者的独立视角和专业判断也能够对高校预算编制过程中的盲点和不足进行有效的评估和改进，确保预算编制更加符合实际需求和发展趋势。通过多方面的外部协调机制，高校预算编制的科学性和合理性将得到显著提升，为高校的可持续发展奠定坚实的基础。

第二节　高校预算执行的控制与监督机制研究

一、高校预算执行的流程与关键环节

（一）预算执行的主要步骤

预算执行是高校财务管理中的关键环节，其主要步骤包括预算的审批、拨

款、执行和监控。

预算审批是预算执行的起点，能确保各项预算的合理性和可行性。在审批后，财务部门负责根据预算拨款，确保资金按计划分配到各相关部门。拨款完成后，各部门按照预算计划执行具体项目，确保资源的有效利用。在预算执行过程中，监控是必不可少的，财务部门需定期检查预算执行的进度和资金使用情况，确保各项支出符合预算要求，避免超支或不当支出。通过这些步骤的有效执行，高校能够在预算管理中实现资源的合理配置和使用。

责任分配是确保预算执行高效性和透明度的重要措施。在高校预算执行过程中，各部门需明确自身在预算执行中的职责与权限。财务部门负责制订预算执行的总体计划和监督机制，各业务部门则需根据自身的预算目标，合理安排资金使用，确保项目的顺利推进。责任分配的明确化，不仅能够提高预算执行的效率，也能够增强各部门之间的协调与合作。此外，责任分配还可以通过绩效考核机制进行强化，确保各部门在预算执行中尽职尽责，从而提高预算执行的整体效果。

预算执行的进度监控是预算管理的重要组成部分。通过定期检查各项预算支出的实际进展情况，高校能够及时发现预算执行中的问题，采取相应措施进行调整。进度监控的实施需要依赖于完善的信息系统，确保各项支出数据的及时、准确传递。通过进度监控，高校可以掌握预算执行的整体情况，识别出执行中的瓶颈和问题，及时进行纠正和优化。同时，进度监控也为预算执行的绩效评估提供了基础数据支持，使高校能够更准确地评估各部门的预算执行效果。

（二）关键环节的识别与管理

在高校预算执行过程中，关键环节的识别与管理是确保预算有效落实的基础。

1. 明确预算执行中各关键环节的责任

各部门需对其负责的预算部分有清晰的理解，并在执行过程中严格按照预算要求进行操作。只有这样，才能确保各项预算落实到位，避免在执行过程中出现偏差或误解。通过明确责任，能够有效地提高各部门的积极性和责任感，进而促进预算的顺利执行。

2. 建立预算执行的实时监控机制

在预算执行过程中，实时监控机制可以帮助高校管理层及时跟踪预算支出的进展情况，快速发现并解决问题。通过信息化手段，实时监控可以提供准确的数据支持，使管理者能够及时调整预算执行策略，确保预算的合理使用。这一机制不仅提高了预算管理的透明度，还能有效预防资金的不当使用。

3. 预算执行的合规性审核

通过合规性审核，确保所有资金使用严格符合既定预算，避免资金被挪用和浪费。合规性审核要求各部门在执行预算时，必须遵循相关的法律法规和政策规定。这不仅能够维护高校的财务纪律和透明度，还能提高资金使用的效率和效果。合规性审核的实施，有助于高校建立健全的财务管理体系，为其可持续发展提供有力保障。

4. 定期开展预算执行效果评估

通过评估，各部门可以分析其实际支出与预算目标之间的差异，找出存在的问题和不足。评估结果为后续决策提供了重要的数据支持，使管理者能够根据评估结果调整预算策略，优化资源配置。这一过程不仅能够提升预算管理的科学性和合理性，还能够为高校的长期发展奠定坚实的基础。通过不断的评估和改进，预算管理能够更好地适应新时期高校的发展需求。

二、高校预算执行的内部控制机制

（一）内部控制制度设计

内部控制制度设计是高校预算执行中至关重要的环节，其核心在于通过科学、合理的制度安排，确保预算执行的有效性与合规性。在内部控制制度的目标设定中，首先需要明确各项控制措施的具体目标与预期成果。这不仅包括对预算执行过程中资金使用的合理性和合规性进行严格把控，还需确保财务资源的最优配置，以支持高校各项事业的可持续发展。有效的目标设定应当能够指导内部控制的各个环节，使每一项控制活动都能有的放矢，从而为高校预算管理提供坚实的制度保障。

内部审计机制的建立是内部控制制度设计的关键环节之一，通过定期的审计检查，可以及时发现并纠正预算执行中的问题，提高财务管理的透明度和规范性。高校应建立独立的内部审计部门，定期对预算执行情况进行审计，并形成系统的审计报告。审计过程中，应注重审计的全面性和深度，确保对预算执行的各个方面都能进行深入的分析和评价。通过审计发现的问题，应及时采取纠正措施，并在后续的预算执行中加以改进，以不断提升高校财务管理的水平。

信息系统的应用是现代高校预算执行中不可或缺的手段，利用现代信息技术手段加强预算执行的实时监控和数据分析，可以显著提高高校内部控制的效率与准确性。信息系统的应用不仅能实现对预算执行过程的全程跟踪和实时监控，还能通过数据分析为预算决策提供科学依据。高校应积极引入先进的信息系统，建立完善的预算管理信息平台，实现预算执行的数字化和智能化管理。这有助于提升预算执行的透明度，提高财务决策的科学性，并提升高校财务管理的整体水平。

（二）内部审计机制

内部审计在高校预算执行中扮演着至关重要的角色。内部审计不仅是财务管理的一部分，更是确保预算执行透明和有效的重要手段。通过内部审计，高校能够及时发现预算执行中的不规范之处，并采取相应的纠正措施。这种机制不仅能够提高预算执行的准确性，还能增强财务管理的整体效率。内部审计的独立性和客观性是确保其有效性的关键，审计人员必须保持独立，不受外部因素影响，真实反映预算执行情况。这种独立性不仅体现在组织结构上，也体现在审计流程和结果的公正性上。

内部审计的独立性与客观性是确保审计人员能够真实反映预算执行情况的基础。为了维护这种独立性，高校需要建立独立的审计部门，直接向最高管理层汇报，以免受到其他部门或外部因素的干扰。审计人员在执行任务时，应严格遵守职业道德标准，保持客观中立，确保审计结果的公正性和准确性。此外，审计过程中也应避免利益冲突，确保审计人员不参与被审计部门的管理和决策，以免影响审计工作的独立性和客观性。

定期审计计划的制订是内部审计工作的重要组成部分。在高校预算执行过程中，制订合理的审计计划有助于明确审计的频率和范围，从而在预算执行中及时识别和纠正问题。定期审计不仅能帮助高校及时发现预算执行中的偏差，还能为管理层提供有价值的财务信息，支持其合理决策。同时，审计计划的制订也应根据高校的实际情况进行调整，以适应不断变化的财务环境和预算执行需求，从而提高审计工作的针对性和有效性。

审计结果的反馈机制是确保审计发现能够及时传达到相关管理层，并推动改进措施落实的关键。高校应建立有效的反馈机制，确保审计报告能够及时传递给决策层，并得到充分重视。管理层应根据审计报告，制定和实施相应的改进措施，以提高预算执行的效率和效果。此外，反馈机制还应包括对改进措施效果的跟踪和评估，以确保问题得到彻底解决，并防止类似问题再次发生。

三、高校预算执行的外部监督机制

（一）外部审计的角色

外部审计在高校预算执行中扮演着至关重要的角色。其主要功能是通过独立的监督，确保高校财务报告的真实性和公正性。外部审计的独立性使其能够客观地评估高校预算执行的状况，从而为财务报告的使用者提供可靠的信息。这一过程不仅有助于揭示财务报告中的潜在错误和不当之处，还能识别预算执行过程中可能存在的风险和漏洞。通过外部审计，高校能够更好地维护其财务信息的完整性和可靠性，对于获取和维持外部利益相关方的信任至关重要。

外部审计通过专业的审计标准和程序，对高校预算执行的合规性进行严格评估。审计人员需利用其专业知识和技能，按照既定的审计标准，对预算执行中的每个环节进行详细审查。这包括检查预算的编制、批准、执行和报告等阶段，以确保所有财务活动都符合相关法律法规和政策要求。通过这种细致的审计，外部审计能够有效防止财务舞弊和不当支出，保障高校资金的合理使用和管理。这种防范机制不仅有助于提高高校财务管理的合规性，也为高校的长远发展奠定了坚实的基础。

外部审计还能够为高校提供建设性的建议和改进措施，从而促进财务管理的透明度和效率。审计过程中发现的问题和不足，审计人员应当以书面形式向高校管理层反馈，并提出切实可行的改进建议。这些建议不仅有助于高校在短期内解决具体问题，还有助于其优化财务管理流程，提高资源配置效率。通过外部审计的建议，高校可以不断完善其预算管理体系，提升财务管理的整体水平，从而更好地服务于教学和科研活动。

外部审计的结果能够为高校的利益相关方，如政府和社会公众，提供信心，增强他们对高校财务管理的信任和支持。审计报告作为权威的财务信息披露工具，可以有效地向利益相关方展示高校在预算执行和财务管理方面的透明度和责任感。这种信任的建立不仅有助于高校获得更多的社会支持和资源投入，还能为其未来的发展创造良好的外部环境。因此，外部审计在高校预算执行中发挥的监督作用，不限于内部管理的改善，更在于促进高校与外部社会之间的良性互动和合作。

（二）社会监督的途径

社会监督作为高校预算执行外部监督机制的重要组成部分，在提升高校财务管理透明度和公信力方面具有不可替代的作用。通过多种途径的社会监督，不仅能够增进公众对高校财务管理的信任，还能有效促进高校财务管理的规范化和透明化。

建立高校财务信息公开制度是社会监督的重要途径之一。定期向社会公众发布财务报告和预算执行情况，可以使公众更好地了解高校的财务运作状况，从而增强信息透明度和公众信任。这一举措不仅有助于提升高校的社会责任感，也为社会各界奠定了参与监督的基础。

鼓励社会组织和志愿者参与高校财务监督，是形成社会监督力量的重要策略。社会组织和志愿者的参与，能够为高校财务管理带来多元化的监督视角和专业支持。这种社会监督力量的形成，有助于推动高校财务管理的规范化进程。通过与社会组织的合作，高校可以获得更多的资源和有效建议，以改善其财务管理实践。同时，志愿者的参与也能够在一定程度上弥补高校内部监督力量的不足，形成内外结合的监督体系。

利用社交媒体和网络平台，推动公众对高校预算执行的讨论和评议，是提高社会对高校财务管理关注度的有效途径。社交媒体和网络平台的开放性和互动性，能够为公众提供一个自由讨论和表达意见的空间。通过这些平台，公众可以及时获取高校财务管理的相关信息，并对其进行评议和反馈。这种方式不仅能够增强公众的参与感和责任感，还可以通过广泛的社会讨论，促进高校财务管理问题得到及时解决。

设立举报机制，是鼓励教职工和社会公众对高校财务管理中的不当行为进行举报的重要手段。举报机制的设立，能够为发现和纠正高校财务管理中的问题提供渠道和保障。通过鼓励教职工和社会公众积极举报不当行为，可以有效维护财务管理的公正性和透明度。这一机制的实施，需要高校建立完善的保护措施，以确保举报人的安全和隐私，从而鼓励更多人参与监督过程。通过举报机制的有效运作，高校可以及时发现和纠正财务管理中的问题，提升其管理水平和社会信任度。

四、高校预算执行中的问题识别与解决

（一）常见问题类型

高校在预算执行过程中面临多种问题，这些问题不仅影响高校的财务健康，也会对教学和科研的开展产生不利影响。

1. 资金使用不当

由于预算编制和执行环节脱节，部分高校在资金使用上存在资源浪费。这种资金使用不当的情况，不仅浪费了宝贵的经费，也妨碍了高校正常的教学和科研活动。

2. 预算执行的滞后性

预算执行常常出现进度滞后的现象，无法及时响应高校发展的实际需求。这种滞后性使高校在面临突发事件或新项目启动时，难以快速调配资源，影响了高校的整体发展步伐。

3. 预算执行缺乏透明度

由于信息不对称和缺乏有效的监督机制，教职工对财务管理的不信任感增加，导致高校内部出现矛盾，影响了高校的和谐发展。

4. 预算执行过程中信息沟通不畅

这种沟通不畅的局面使得预算执行的效果大打折扣，难以实现预期的财务管理目标。因此，识别和解决预算执行中的常见问题是高校预算管理实践中亟待完成的任务。

（二）问题解决的策略

高校预算执行中的问题解决需要多方面的策略支持，首先是建立完善的预算执行监督机制。这一机制的核心在于定期评估各部门的预算执行情况，及时发现潜在问题并进行反馈。这不仅有助于提高预算执行的合规性和效率，还能为各部门提供明确的方向和指导。通过制度化的监督，预算执行的各个环节都

能得到有效的监控和调整，确保资源的合理配置和使用。定期评估和反馈机制的建立，可以有效地减少高校预算执行过程中可能出现的偏差和浪费，提升整体管理水平。

在预算执行过程中，加强培训和沟通也是解决问题的重要策略之一。高校各部门需要对预算执行的要求和流程有清晰的理解，以确保执行的透明度和协同效率。通过系统的培训，各部门可以更好地掌握预算管理的核心理念和操作技能。同时，建立畅通的沟通渠道，也能够让各部门在预算执行过程中及时交流信息，分享经验和教训。这种协同合作的模式，不仅能提升预算执行的效率，还能增强团队凝聚力和整体执行力，为高校财务管理的现代化提供有力支持。

现代信息技术的引入，为预算执行的动态监控提供了新的可能性。采用实时监控系统，可以对预算执行进行全面的跟踪和分析，及时调整预算策略以应对实际情况的变化。这种技术手段的运用，不仅能够提高预算执行的精确性和及时性，也能够为管理者提供更为直观的数据支持。通过信息化手段，预算执行的各个环节都可以实现数据化管理，减少人为因素对预算执行的影响，提高决策的科学性和有效性。这种现代化的管理方式，已经成为高校财务管理改革的重要方向。

建立健全的反馈和改进机制，是解决预算执行问题的关键。鼓励各部门提出预算执行中的问题和建议，能够形成持续改进的良性循环。这种机制不仅有助于发现和解决预算执行中的实际问题，还能激发各部门的主动性和创造性。通过反馈和改进，预算执行的流程和方法可以得到不断优化，适应不断变化的外部环境和内部需求。这种动态调整和持续改进的过程，是高校预算管理走向成熟和高效的必由之路。通过这些策略的实施，高校预算执行中的问题能得到有效的解决，推动财务管理水平的不断提升。

第三节　高校预算调整的灵活性与规范性探讨

一、高校预算调整的必要性与条件

（一）高校预算调整的必要性

高校预算调整在现代财务管理中扮演着至关重要的角色。高校面临的外部环境日益复杂，政策调整和经济波动等因素都可能对高校的财务状况产生直接影响。在这样的背景下，预算调整能够帮助高校及时应对这些变化，确保财务管理的灵活性与适应性。通过调整预算，高校可以在政策和经济环境变化时，迅速调整资金流向，以应对新的挑战和机遇。这种灵活性不仅是高校生存和发展的基础，也是其在激烈的教育市场竞争中保持优势的关键。

预算调整还可以显著优化资源配置，确保资金能够流向更紧急或更重要的项目。高校通常面临多个项目的资金需求，这些项目的优先级可能会随着时间的推移而发生变化。通过预算调整，高校可以重新评估各项目的紧迫性和重要性，将有限的资金资源投放到最需要的项目中，从而提高资金使用效率。这种动态的资金配置方式，能够在有限的预算内实现最大化的效益。

高校预算调整能够更加准确地反映高校内部各部门的实际需求变化。随着高校的发展，各部门的需求和目标也在不断变化。通过预算调整，高校可以确保预算更符合各部门的实际情况与发展目标。这不仅有助于提高各部门的工作效率，也能促进高校整体战略目标的实现。通过定期的预算调整，高校管理层可以及时了解各部门的需求变化，并据此调整资源分配策略，确保各部门的运作与高校的长远发展方向保持一致。

预算调整机制的建立有助于提高高校管理层的决策能力。通过实时的数据分析，管理层能够对高校的财务状况有更深入的了解，从而作出更科学的财务决策。预算调整不仅是财务管理的工具，更是高校管理层进行战略规划的重要依据。通过科学的预算调整，管理层可以更好地预测未来的财务需求和风险，制定出更具前瞻性的财务策略，确保高校的可持续发展。

（二）高校预算调整的基本条件

高校预算调整的基本条件是确保预算能够真实反映高校的实际需求和资源状况。

高校预算调整的一个基本条件是需建立在全面的数据分析基础上。通过数据分析，高校能够明确当前资源的使用情况和未来的需求，从而在预算调整时做到有的放矢。数据分析不仅包括对财务数据的分析，还应涵盖教学、科研、后勤等方面的数据，以确保预算调整的合理性和科学性。全面的数据分析能够帮助高校在预算调整中找到平衡点，既不浪费资源又能满足实际需求。

预算调整的另一个基本条件是遵循既定的管理流程和审批程序。高校作为公共资源的使用者，其预算调整必须在透明性和合规性上做到无懈可击。这不仅是对高校自身管理水平的要求，也是对公共资源使用负责的表现。通过严格的管理流程和审批程序，可以有效避免预算调整中的随意性和不当操作，确保每一项预算调整都有据可依、有章可循，进而维护高校的财务健康。

在预算调整过程中，各部门的有效沟通与协调是不可或缺的条件。高校预算涉及多个部门，各部门之间的利益与需求可能存在差异。因此，在进行预算调整时，需要充分考虑各方的利益，通过有效的沟通与协调，达成共识，避免因调整引发内部冲突。只有各部门通力合作，预算调整才能顺利进行，确保调整后的预算能够更好地服务于高校的整体发展目标。

高校预算调整应具备一定的灵活性，以便及时响应突发事件和变化的外部环境。高校在运行过程中，可能会遇到各种不可预见的情况，如政策变化、突发事件等，这些都需要通过预算调整来快速应对。灵活的预算调整机制能够支持高校在面对变化时作出快速决策，合理配置资源，以保障高校各项工作的顺利开展和可持续发展。

二、高校预算调整的程序与审批机制

（一）高校预算调整程序的设计

高校预算调整程序的设计是确保预算管理灵活性与规范性的重要环节。其核心在于建立一套科学合理的预算调整申请和审核流程。

各部门需按照规定的格式和时间节点提交预算调整申请。这不仅能保证信息传递的及时性和准确性，还能帮助财务部门进行初步审核，确保调整申请的合规性和必要性。审核过程中，财务部门需要对申请的合理性进行评估，并根据现有资源和财务状况提出建议。这一流程的设计旨在提高预算调整的效率，减少延误，同时为后续的决策提供可靠的数据支持。

预算调整的决策机制是高校预算管理中不可或缺的一部分。为了确保决策的透明性和合理性，必须明确管理层在预算调整中的审批权限和流程。决策机制的建立需要综合考虑高校的管理架构和财务管理政策，确保不同层级的管理者在调整过程中能够清晰地履行各自的职责。通过明确的审批流程，可以有效避免因权限不明导致的决策混乱。此外，透明的决策机制还能够提高各部门对预算调整的理解和支持，促进高校各项资源的合理配置。

预算调整的执行与反馈机制是确保调整方案顺利实施的关键。通过建立调整后的预算执行监控体系，可以实时跟踪预算的执行情况，及时发现并解决执行过程中出现的问题。定期反馈执行情况，不仅有助于各部门了解预算执行的进展，还能为管理层提供决策依据，以便及时调整和优化资源配置。通过反馈机制的完善，能够提高预算执行的效率和效果，确保高校的各项活动能够在预算范围内顺利开展。

预算调整的记录与归档要求是预算管理中的重要环节。完整的记录和归档不仅是后续审计和评估的基础，也是高校财务管理规范化的重要体现。所有调整过程及结果的记录必须详细且准确，包括调整的原因、过程、决策和执行情况等。这些记录不仅能为未来的预算调整提供参考，还能在出现财务纠纷时提供有力的证据支持。通过严格的记录与归档管理，高校能够更好地维护财务工作的透明性和可追溯性。

（二）高校预算审批机制的建立

高校预算审批机制的建立是确保预算管理有效运行的重要环节。高校在建立预算审批机制时，需明确各级管理层的审批权限。这不仅有助于提高预算调整的效率，还能确保决策过程的透明性。明确的审批权限能够有效避免权限不清导致的延误或混乱现象，从而保障预算调整的顺利进行。在此过程中，各级管理层应明确自身的职责与权限，确保在预算调整过程中，能够迅速响应并作出合理决策。

建立标准化的预算审批流程是提升审批效率和规范性的关键。该流程应包括申请、审核、决策和反馈等环节。通过标准化流程，各部门在预算调整中的责任能够得到明确划分，避免职责不清导致的推诿现象。申请环节应明确预算调整的具体需求，审核环节则需对调整的合理性进行严格把控。决策环节应确保调整方案的可行性，反馈环节则需及时将审批结果传达给相关部门，以便开展后续工作。

信息化管理系统的引入为预算调整的审批提供了技术支持。通过该系统，预算调整申请可以在线提交与审批，大大提升了审批的实时性和透明度。管理层能够通过系统实时掌握预算调整的动态，从而作出及时而准确的决策。同时，信息化管理系统还可以记录审批过程中的每一个步骤，为后续的审计和监督提供可靠的数据支持，进一步提高预算管理的效率和透明度。

设立预算审查委员会是确保重大预算调整合理性与合规性的有效措施。该委员会应由具有丰富预算管理经验的专家组成，负责对重大预算调整进行独立审查。通过专业的审查，能够有效避免因决策失误导致的预算浪费或不合理使用。同时，预算审查委员会的存在还可以增强预算管理的专业性与权威性，确保高校预算调整在符合政策法规的前提下，最大限度地发挥资金的使用效益。

三、高校预算调整的灵活性管理策略

（一）灵活性管理原则

高校预算调整中的灵活性管理原则是确保财务资源能够高效配置的关键。高校预算调整需要建立及时响应机制，以便在突发事件发生时迅速调整资金分配。响应机制的建立不仅有助于高校在面对自然灾害、政策变动等不可预见事件时迅速反应，还可以在日常运营中根据实际需求灵活调整预算，确保资源的有效利用。例如，当某科研项目出现资金紧缺时，及时的预算调整能够保证项目的顺利进行，不至于因资金短缺而中断。此外，灵活性管理还要求高校在预算调整时具备前瞻性，提前预测可能的财务风险，并制定应对策略，以降低对正常教学和科研活动的影响。

预算调整需基于全面的数据分析，以确保每一次调整都有充分的依据。数据分析在预算调整中扮演着至关重要的角色，不仅能够提供当前财务状况的真实反映，还能预测未来的财务需求和变化趋势。通过对历史财务数据的深入分析，高校可以识别出资金使用的效率和不足，为预算调整提供科学的依据。这种基于数据的决策过程，使得预算调整不是对数字的简单增减，而是对财务资源的优化配置。数据分析的结果能够帮助高校识别出最需要资金支持的领域，从而在预算调整中优先考虑这些领域的资金需求，确保财务资源的合理分配。

建立跨部门的沟通协调机制，是高校预算调整过程中不可或缺的一部分。在预算调整中，各部门的需求往往存在差异，跨部门的沟通协调机制能够确保各部门在预算调整过程中充分表达需求，避免信息不对称导致的资源冲突。这种机制的建立有助于提高预算调整的效率和准确性，使得每个部门的资金需求都能得到合理的考虑和满足。此外，跨部门协调还能够促进各部门之间的合作，形成合力，提高整个高校的财务管理水平。通过定期的沟通和协调，各部门可以分享预算执行中的经验，从而在预算调整中作出更加明智的决策。

（二）灵活性管理工具

在高校预算管理的过程中，灵活性管理工具的应用至关重要。建立灵活的预算调整模型可以通过模拟不同情境下的资金流动，帮助管理层快速识别调整需求。这种模型不仅需要考虑高校资金的来源和用途，还需结合外部环境的变化，如政策调整、市场波动等。通过情景模拟，管理层可以预见可能的资金短缺或盈余，从而提前制定应对措施，确保高校财务管理的稳健运行。

动态预算监控系统是提升预算管理灵活性的另一重要手段。该系统能够实时跟踪预算执行进度和支出情况，及时发现并响应偏差。通过对预算执行的实时监控，管理层可以快速识别出资金使用中的异常情况，并及时调整预算分配。这不仅能够提高资金使用的效率，也能够增强高校在应对突发财务状况时的反应能力。

利用数据分析工具定期生成预算执行报告，为决策提供科学依据。这些工具能够整合和分析大量的财务数据，帮助管理层了解预算执行的整体情况和具体细节。通过分析历史数据和趋势，管理层可以更好地预测未来的财务需求，确保预算调整的科学性和合理性。这种基于数据的决策支持，有助于提高高校预算管理的透明度和公信力。

设立跨部门预算协调小组是实现预算调整灵活管理的重要组织保障。该小组负责促进信息共享与沟通，确保各部门在预算调整中的需求得到充分表达与考虑。通过跨部门的协作，各部门可以更好地理解彼此的预算需求和调整理由，从而在预算调整过程中达成共识，减少内耗和资源浪费。这种协作机制不仅提高了预算调整的效率，也增强了高校财务管理的整体协调性。

四、高校预算调整的规范性保障措施

（一）规范性保障原则

在高校预算管理中，规范性保障原则是确保预算调整过程有序进行的基石。制定明确的预算调整政策是实施这一原则的首要任务。这些政策不仅要符合高校的整体战略目标，还需避免随意性和不当操作，以确保财务资源的有效配置。这就要求在制定政策时，充分考虑高校的长远发展规划和当前的财务状况，确保每一项调整都有据可循，符合高校的利益和发展方向。此外，政策的制定还需经过多方讨论和审核，以保证其科学性和可行性，从而在实施过程中减小阻力，增强预算管理的规范性。

建立预算调整的审批流程是规范性保障原则的重要组成部分。通过设立合理的审批机制，确保每项预算调整都经过严格的审核与批准，不仅能增强决策的透明性，还能提高调整的合规性。在实际操作中，审批流程应包括多层次的审核机制，涉及相关部门和财务专家，以确保调整的合理性和必要性。这样做不仅可以减少不当调整，还能在一定程度上防范财务风险，保障高校财务的健康运作。同时，审批流程的设置也应具有一定的灵活性，以适应不同情况下的预算调整需求。

确保预算调整记录的完整性是提升财务管理规范性的关键环节。建立完善的档案管理制度，可以为后续的审计和评估提供可靠的数据支持。完整的预算调整记录不仅包括调整的理由和金额，还应详细记录审批过程和相关决策依据。这种详细的记录不仅有助于提高财务透明度，还能为高校未来的预算调整提供借鉴和参考。此外，档案管理制度的实施需要借助现代化的信息技术手段，以提高记录的准确性和存储的安全性，确保财务信息的长期保存和有效利用。

定期开展预算调整的培训与宣传是提高教职工对预算调整流程和规范理解的重要措施。通过系统化的培训，教职工可以更好地理解预算调整的必要性和操作流程，从而在实际工作中更好地配合财务部门的工作。宣传活动的开展也有助于增强各部门对预算管理的重视程度，促进部门间的协调与合作。通过培训和宣传，提高教职工的财务素养，使其在日常工作中更加注重预算的合理使用和调整的规范性，从而整体提升高校的财务管理水平。

（二）保障措施的实施路径

在新时期高校预算管理实践中，保障措施的实施路径至关重要。高校需要建立完善的预算调整政策宣传机制，通过定期的培训和工作坊，提高教职工对预算调整政策的理解与执行能力。这不仅有助于统一思想，也能增强各部门在预算调整中的协作意识。通过系统化的学习与交流，教职工能够更准确地把握预算调整的方向和重点，从而在实际操作中更好地贯彻执行既定的预算调整政策。

设立预算调整的反馈渠道是保障措施得以有效实施的关键。其鼓励各部门在预算调整过程中积极提出意见和建议，帮助管理层及时发现和解决调整流程中的问题。通过这种开放的反馈机制，各部门可以更主动地参与预算调整的过程，促进信息的双向流动。这不仅能够提高预算调整的科学性，也能够为后续的预算管理提供宝贵的实践经验和数据支持，进而推动预算管理的不断优化和完善。

为了确保预算调整的规范性，制定预算调整的监督检查机制至关重要。定期对预算调整的执行情况进行审计，可以有效防范不合规操作的发生，确保各项调整符合既定的规定和实际需求。通过严格的监督和检查，能够及时纠正偏差，保障预算调整的公正性和合理性。这也为高校的财务管理提供了坚实的基础，能够确保资金的有效使用和管理的透明度。

利用信息技术建立预算调整管理系统，是提高预算调整效率与透明度的重要手段。通过实现预算调整申请、审批和执行全流程的在线管理，可以大幅提升调整工作的效率，减少人为因素的干扰。同时，信息技术的应用也为预算调整的各个环节提供了清晰的记录和追溯路径，增强了调整过程的透明度和可控性。这一举措不仅符合现代化管理的要求，也为高校预算管理的创新发展提供了新的思路和方向。

第三章　新时期高校收入管理实践问题研究

第一节　高校收入来源的多元化与稳定性分析

一、政府拨款的稳定性与调整机制

（一）政府拨款的现状

政府拨款作为高校收入的重要来源之一，其现状直接影响高校的财务稳定性与发展规划。整体来看，政府拨款的总量虽然在增加，但其在高校总收入中的占比却逐年下降。这种变化主要是高校收入结构的多元化发展所致。随着社会经济的快速发展，高校拓展了多种收入渠道，如学费收入、科研经费、社会捐赠及校办产业收入等，政府拨款相对稳步增长但占比下降。这一趋势表明，高校在收入管理上需要更加重视多元化发展，以降低对单一资金来源的依赖，提高整体的财务抗风险能力。

政府拨款的分配原则通常以公平、公正、公开为基础，辅以政策导向的调节机制。拨款分配不仅需考虑高校的规模和发展需求，还需充分体现国家政策的导向性，例如支持“双一流”建设、促进教育公平以及鼓励科技创新等。因此，高校在争取政府拨款时，需要深入理解国家政策的导向，积极配合政策要求，提升自身的竞争力。同时，高校也需不断优化内部管理，确保政府拨款的合理使用，以实现资金使用效益的最大化。

政府拨款具有明显的周期性，通常与国家的财政年度预算编制及调整机制相匹配。这种周期性特征要求高校在财务管理中，必须具备良好的预算编制能力和灵活的资金调度能力，以应对拨款周期带来的资金流动性挑战。年度预算调整机制则为高校提供了一定的资金使用灵活性，使其能够根据实际需求调整资金使用计划。高校在制定财务规划时，应充分考虑政府拨款周期和预算调整机制，合理安排资金使用，以确保财务的稳定性和可持续发展。

政府拨款对高校财务稳定性具有重要影响。充足的政府拨款能够为高校提供基本的运营保障，降低财务风险，提高其抗风险能力。然而，政府拨款的波动性也可能给高校财务稳定性带来挑战。尤其是在政策调整或经济波动时期，拨款的减少或延迟可能对高校的正常运转造成影响。因此，高校需要建立健全的财务风险管理机制，及时应对拨款变化带来的财务风险，确保财务的长期稳定和健康发展。通过科学的财务规划和管理，高校能够在不确定的拨款环境中保持财务的稳定性和可持续性。

（二）政府拨款调整机制的影响

政府拨款的调整机制对高校财务计划的影响显著，可能导致高校在预算编制和资源配置上需要更加灵活应对。由于拨款的变动性，高校必须在年度预算中预留一定的变更空间，以适应拨款数额的变化。这种灵活性要求高校财务管理人员具备敏锐的预测能力和快速反应的能力，以确保在拨款减少或延迟的情况下，高校的日常运营和重要项目不受影响。此外，灵活的财务计划还需要高校在资金使用上具备创新精神，以便在有限的资源下取得最佳的教育和科研成果。

在政府拨款调整过程中，高校可能面临财务不确定性，这种不确定性会对其长期发展战略和项目的可持续性构成挑战。拨款的不稳定性可能导致高校在制定长期规划时出现犹豫，尤其是在涉及重大基础设施建设或长期科研项目时。为了应对这种不确定性，高校需要建立完善的风险评估及应对机制，通过多样化的收入来源和灵活的财务战略来降低风险。这不仅有助于高校在不确定的财务环境中维持稳定运营，也有助于其在长期战略规划中保持前瞻性和可持续性。

政府拨款的调整机制促使高校在收入管理中应加强多元化收入渠道的探索，以降低对单一资金来源的依赖。近年来，随着拨款来源不确定性的增加，高校逐渐意识到收入多元化的重要性。通过发展校企合作、社会捐赠、科研服务和国际合作等多种途径，高校可以建立更为稳固的财务基础。多元化收入策略不仅能够缓解拨款波动带来的压力，还可以为高校提供更多的资源，用于提升教育质量和科研水平。

调整机制的透明度和公正性对高校的财务决策和资源分配具有重要影响，可能影响高校内部的信任和合作氛围。透明和公正的调整机制能够使高校在作出财务决策时更加自信，从而促进内部资源的合理分配和有效利用。相反，如果调整机制缺乏透明度，则可能导致高校内部对拨款分配的不信任，进而影响校内各部门之间的合作和协调。因此，提升调整机制的透明度和公正性，不仅能够提高高校的财务管理效率，还有助于促进校内的团结和合作，促进高校的整体发展。

二、学费收入的增长潜力与风险评估

（一）学费增长的潜力因素

学费增长的潜力来源于多方面的驱动，首先，高校招生政策的调整是一个重要因素。在竞争日益激烈的高等教育市场中，许多高校为了吸引更多的优秀生源，可能选择提高学费水平。这样的策略不仅可以增加高校的收入，还可以通过提高入学门槛来提升高校的整体学术水平和声誉。此外，教育质量的提升和课程的多样化也是学费增长的关键因素。随着高校不断引入先进的教学方法和丰富课程设置，家长和学生对高质量教育的需求日益增加，他们愿意为更优质的教育体验支付更高的学费，为高校提供了提高学费的合理性依据。

社会经济发展水平的提高，尤其是中产阶级群体的扩大，也为学费增长提供了支持。随着经济的发展，越来越多的家庭具备了更强的经济能力和投资教育的意愿，这种趋势为高校提高学费创造了良好的市场环境。同时，高校自身品牌价值和知名度的提升，使其在市场中具备更强的议价能力。知名高校往往能够通过其品牌效应吸引更多的生源，这不仅是学费增长的潜力来源之一，也是高校在市场中占据优势地位的重要保证。品牌价值的提升，不仅体现在学费的增长上，也反映在生源质量和就业率的提升上，这些因素共同作用，进一步增强了高校在教育市场中的竞争力。

（二）学费收入的风险因素

学费作为高校收入的重要组成部分，其稳定性和增长潜力直接关系高校的财务健康。然而，在新的时代背景下，学费收入面临着多种风险因素的挑战。

1. 学费收入的市场竞争风险

随着高等教育市场的开放和高校之间的竞争加剧，部分高校为了提高收入，可能采取过度提高学费的策略。然而，这种策略可能导致生源流失，特别是在教育质量和声誉未能同步提升的情况下，学生和家长可能会选择学费较为合理的高校，从而对高校的整体收入造成负面影响。

2. 家庭经济状况的不确定性

家庭经济波动常常导致其对教育投资的态度发生变化，尤其是在经济下行时期，部分家庭可能削减教育支出以应对其他生活成本的增加。这种情况下，学费收入的稳定性将受到直接影响。高校需要密切关注宏观经济环境的变化，并通过提供奖学金、助学贷款等方式减轻学生家庭的经济负担，以确保学费收入相对稳定。

3. 政策法规的变化风险

政府对教育收费政策的调整直接影响学费的定价机制和收入预期。例如，政府可能会出台相关政策限制学费的上涨幅度，或者对部分专业的学费进行统一调控。这些政策变化将对高校的收入结构和财务规划产生重要影响。因此，高校需要建立灵活的财务管理机制，以应对政策变化带来的不确定性。

4. 学生人数的波动风险

招生人数的变化直接决定了学费收入的多寡。在高校之间竞争激烈的背景下，若招生不达标，将导致学费收入下降，进而影响高校的财务稳定性。高校需要加强招生策略的制定与实施，提高教育质量和品牌影响力，以吸引更多优质生源。同时，也应通过开设多样化的课程和项目，满足不同学生的需求，提高学生的注册率和留存率，从而保障学费收入的可持续增长。

三、社会捐赠的拓展策略与管理

（一）捐赠渠道的拓展

在新时期，高校收入来源的多元化已成为各大高校财务管理的重要课题。社会捐赠作为其中关键的收入来源，有效拓展其渠道至关重要。

建立多元化的捐赠渠道是提升高校资金来源的核心策略。首先，高校应积极寻求企业赞助、校友捐赠以及社会团体的支持，以拓宽资金来源。这不仅可以为高校提供稳定的财务支持，也能增强高校在社会中的影响力和声誉。其次，制定明确的捐赠政策和管理流程是确保捐赠资金透明使用的关键。透明的管理流程可以有效提高捐赠者的信任感和参与度，促使更多的个人和机构进行捐赠。

通过细致的资金管理和公开的使用报告，高校能够展示其在资金使用上的责任感和专业性，进一步提升捐赠者的信任。

定期开展捐赠宣传活动是提升社会对高校捐赠认知的有效手段。通过线上、线下相结合的方式，高校可以扩大其宣传覆盖面，激励更多的个人和机构参与捐赠活动中。例如，线上活动可以利用社交媒体、官方网站等渠道，发布高校在教育、科研等领域取得的成就，展示捐赠对高校发展的积极影响；线下活动则可以通过组织校园开放日、捐赠者见面会等形式，与潜在捐赠者进行直接互动，增强他们的参与感和认同感。

建立捐赠者关系管理系统是与捐赠者维护长期友好关系的重要措施。通过该系统，高校可以跟踪和维护与捐赠者的互动，定期反馈捐赠资金的使用情况和成效。这不仅有助于促进捐赠者的持续支持，也能为高校与捐赠者的长期合作奠定坚实的基础。通过这些策略的实施，高校可以更好地拓展社会捐赠渠道，实现财务管理的可持续发展。

（二）捐赠管理的优化

捐赠管理的优化是高校财务管理中至关重要的一环。高校在接受社会捐赠时，必须确保捐赠资金的管理和使用达到最高的效率和透明度。为了实现这一目标，建立健全的捐赠资金使用监督机制尤为重要。通过这项机制，高校可以确保每一笔捐赠资金都按照既定用途使用，避免资金不当使用。监督机制不仅可以提升资金的使用效率，还能增加捐赠者对高校管理能力的信任，进而促进更多的捐赠行为。高校应当引入第三方审计和内部审查相结合的方式，以确保资金的流动和使用过程透明可查。

在捐赠管理的优化过程中，定期开展捐赠资金使用效果评估是不可或缺的步骤。通过评估，管理者可以深入分析捐赠资金对高校发展的实际贡献。这不仅有助于高校明确资金的使用方向和效果，还能为未来的捐赠管理策略调整提供科学依据。评估过程应包括对资金使用项目的实地考察、数据分析以及与相关利益者的访谈等多种方式，以全面了解资金的实际使用情况和效果。通过这样的评估，高校可以更好地展示资金的使用成效，增强捐赠者的信心。

加强与捐赠者的沟通与反馈机制是优化捐赠管理的重要策略之一。高校应定期向捐赠者反馈资金使用情况和项目进展，确保信息的公开透明。这种沟通不仅可以增强捐赠者的参与感和满意度，还能帮助高校了解捐赠者的期望和建议，从而更好地调整管理策略。反馈机制的建立有助于形成一种良性互动，既可以提升捐赠者的信任度，也可以吸引更多潜在捐赠者的关注和参与。

四、科研项目收入的多元化渠道

（一）科研项目的收入来源

科研项目的收入来源是高校收入管理中至关重要的一环。高校科研项目的收入来源主要包括政府资助、企业合作、国际合作及知识产权转让等。

政府资助是高校科研项目收入的基础，通过各类科研基金、专项资金和政策支持，政府在推动高校科研活动中扮演着重要角色。政府资助不仅为高校提供了必要的研究资金，还通过政策的引导作用，激励高校在特定领域的研究和创新。除此之外，企业合作与赞助也是高校科研收入的重要组成部分。高校通过与企业合作研发项目，不仅能获得资金支持，还能推动产学研结合，促进科研成果的实际应用。

企业合作带来的资金支持为高校科研提供了新的动力。高校与企业的合作通常涉及研发项目的共同开展，企业提供资金和技术支持，高校则提供科研能力和创新资源。这种合作模式不仅能够为高校带来直接的经济收益，还能够提升高校科研项目的实际应用价值，促进科技成果的转化。通过与企业合作，高校能够更好地了解市场需求，调整科研方向，使科研成果更具市场竞争力。此外，国际合作项目的资金来源也是高校科研收入的重要渠道。参与国际科研合作与交流，争取国际组织或外部机构的资助，不仅可以拓宽高校的科研视野，还能给高校带来稳定的资金支持。

国际合作为高校带来了丰富的科研资源和资金支持。通过参与国际科研项目，高校能够与世界一流的科研机构和科学家进行交流与合作，提升自身的科研水平和国际影响力。国际组织和外部机构通常会为参与的高校提供资金支持，以促进国际科研合作顺利进行。高校通过这些合作项目，不仅可以获得资金，还可以积累国际科研经验，提升科研能力。同时，知识产权转让与技术服务收入也是高校科研项目收入的重要来源。高校通过技术转让、专利授权等方式实现科研成果的商业化，获得经济收益。

知识产权转让与技术服务为高校提供了实现科研成果商业化的途径。通过技术转让和专利授权，高校可以将科研成果应用于实际生产，获得经济收益。这不仅为高校带来了直接收入，还促进了科研成果的实际应用和推广。高校在进行知识产权转让时，需要注重保护自身的知识产权权益，确保在商业化过程中获得合理的经济回报。同时，通过提供技术服务，高校也可以利用自身的科研优势，为企业和社会提供专业的技术支持，进一步拓宽收入来源。在新时期，高校科研项目的收入来源多元化，为高校的可持续发展提供了有力支持。

（二）多元化渠道的开发

在新时期高校财务管理的背景下，高校科研项目收入的多元化渠道开发尤为重要。多元化渠道的开发不仅有助于提高高校科研项目的资金来源稳定性，还能促进其科研创新和社会服务能力的提升。

1. 探索与行业协会和科研机构的合作

行业协会和科研机构通常拥有丰富的资源和广泛的平台，通过与这些机构的合作，高校可以获得更多的资金支持和技术指导，从而增强自身科研项目的竞争力和影响力。这种合作不仅能为高校科研项目提供必要的财务支持，还能通过技术指导提升项目的质量和创新性。

2. 设立高校内部科研基金

通过设立内部科研基金，鼓励教师和研究团队自主申请项目，可以激发高校内部的科研创新活力。这种自我循环的资金模式，不仅能为高校科研活动提供持续的资金支持，还能增强高校的科研自主性和创新能力。内部科研基金的设立，能够有效地调动教师和研究人员的积极性，使他们在科研创新方面投入更多的精力和资源，从而提升高校整体的科研水平。

3. 针对社会需求的应用研究项目的开展

通过与地方政府和企业的合作，高校可以获取项目资金，提升科研项目的社会服务能力。地方政府和企业通常对应用型研究项目有着较大的需求，通过与高校合作，可以实现高校科研成果的转化和应用，增强科研项目的实用性和社会价值。这种合作模式，不仅能为高校提供资金支持，还能提升高校在社会服务方面的能力和影响力。

4. 数字化平台和众筹模式的利用

通过数字化平台，高校可以向社会公众展示科研项目的进展和成果，吸引社会公众的关注和参与。众筹模式则为社会公众提供了资助科研项目的渠道，提高了科研项目的社会影响力和资金来源的多样性。这种模式，不仅能为高校科研项目提供资金支持，还能增强高校与社会公众的互动和联系，提高高校的社会声誉和影响力。

五、校办产业收入的开发与管理

（一）校办产业的收入模式

校办产业的收入模式在高校收入管理中占据了重要地位。

高校自办的商业活动，如书店、餐饮和住宿服务，是校办产业的主要收入来源。这些活动不仅为高校提供了稳定的资金支持，还在一定程度上缓解了高校在财政紧缩环境下的资金压力。通过这些产业活动，高校能够在提供教育服务之外，开辟新的收入来源，提升自身的经济独立性。

通过有效的品牌建设和市场推广，校办产业能够显著提高其产品和服务的知名度。这种提升不限于校内，还可以扩展到校外市场，从而吸引更多的消费者。品牌建设不仅有助于提高消费者的忠诚度，还能使产品在竞争激烈的市场中占据一席之地。市场推广活动的成功与否直接影响校办产业的收入水平，因此高校在进行市场推广时，需要制订详细的计划，明确目标客户群体，并选择合适的推广渠道和策略。

校办产业的经营模式可以通过社会化运营来实现，即借助外部专业团队进行管理和运营。这种模式的优势在于能够引入市场化的管理理念和运营机制，提升产业的市场竞争力和盈利能力。外部团队的引入不仅可以带来先进的管理经验，还能通过灵活的市场运作，快速响应市场变化，抓住市场机遇，提升校办产业的整体效益。

在收入管理方面，校办产业需要建立科学的财务制度，以确保收入的透明性和合理性。科学的财务制度不仅有助于提高资金使用的效率，还能有效控制风险，避免管理不善导致的财务问题。透明的收入管理能够增强各方对校办产业的信任，为其长远发展奠定坚实的基础。因此，高校在进行校办产业的收入管理时，应注重财务管理制度的建设和完善，确保各项收入的合规性、合法性和合理性。

（二）产业管理的优化策略

在新时期高校的财务管理中，校办产业的收入已成为其重要的组成部分。然而，要实现这一收入来源的最大化，优化产业管理策略尤为关键。

建立一套完善的校办产业绩效评估体系至关重要。完善的评估体系不仅可以定期对各项产业的经营状况进行详尽的分析，还能确保资源的有效配置与使用，从而在不断变化的市场环境中保持竞争力。通过科学的绩效评估，管理者能够及时发现产业运营中的问题，并采取相应的改进措施，以实现校办产业的可持续发展。

现代化管理工具和信息系统的引入是提升校办产业运营效率的重要手段。通过信息化手段，校办产业可以实现对财务状况和市场动态的实时监控。这种现代化的管理方式不仅提高了产业运营效率，还能使其在市场环境发生变化时快速作出反应，调整运营策略。此外，信息系统的运用还可以降低管理成本，提高决策的科学性和准确性，进一步增强校办产业的市场竞争力。

加强校内外合作也是优化校办产业管理的有效策略之一。通过与企业及其他机构建立战略合作伙伴关系，校办产业可以借助外部资源，共同开发新产品和服务，拓展市场空间。合作不仅可以带来技术和资源的共享，也能为校办产业带来新的发展机遇。在这一过程中，校办产业应积极寻求与行业领先企业的合作，以获取先进的管理经验和技术支持，从而提升自身的创新能力和市场影响力。

灵活的定价策略是校办产业适应市场变化的重要保障。校办产业应根据市场需求和竞争情况，及时调整产品和服务的价格，以保持自身市场竞争力。在价格策略的制定中，应充分考虑市场的供需关系、竞争对手的定价策略以及消费者的支付意愿等因素。通过合理的价格调整，校办产业可以在激烈的市场竞争中占据有利地位，吸引更多的消费者，进而提升整体收入水平。

第二节　高校收入分配的公平性与效率性研究

一、高校收入分配的公平性评价标准

（一）评价指标

在高校收入分配的公平性评价中，评价指标的设定尤为关键。

1. 透明度

透明度不仅涉及收入分配制度的公开，还包括分配过程的公开化，确保每位教职工都能清晰了解收入分配的标准和依据。这种透明化的做法可以增强教职工对高校管理的信任感，减少信息不对称导致的误解和不满。此外，高透明度还可以促进公平竞争，激励员工在明确的规则下努力工作，从而提升高校整体的管理效率和工作氛围。

2. 公平性

高校应设定合理的评估标准，以确保不同岗位的人员能够根据其贡献获得相应的报酬。这需要考虑岗位的性质、工作难度、责任大小以及个人的专业能力等多方面因素。通过科学的评估标准，高校可以有效避免分配不公引发的矛盾和冲突，进而维护校园的和谐稳定。此外，公平的收入分配还能吸引和留住优秀人才，为高校的长远发展提供有力支持。

3. 灵活性

随着市场环境的变化和高校内部情况的不断发展，高校需要对收入分配方案定期进行调整。这种灵活性不仅体现在对外部市场变化的敏感性上，还包括对内部结构调整的适应性。通过灵活调整收入分配方案，高校可以更好地应对外部挑战，同时也能满足内部教职工的多样化需求，从而提升整体管理的适应性和弹性。

4. 绩效激励机制

通过设立明确的绩效考核标准，高校可以在收入分配中引入激励机制，鼓励教职工提升工作效率和质量。绩效激励机制不仅能够激发教职工的工作积极性，还能促进教职工的专业发展和能力提升。合理的激励机制可以有效引导教职工的行为，提高整体工作效率，并最终推动高校的整体发展。

（二）评价方法

在高校收入分配的公平性评价中，采用科学合理的方法是确保评价结果客观公正的关键。评价方法的选择直接影响教职工对收入分配机制的信任度和接受度。

通过问卷调查收集教职工对收入分配的认知和满意度，是常用的定量分析手段之一。问卷调查的设计需涵盖对收入分配公平性、透明度及其对个人职业发展的影响等多个维度。数据的收集与分析不仅能揭示教职工对现行分配制度的满意度，还能识别出制度中存在的不公平现象，为改进收入分配方案提供科学依据。此外，这种方法的优势在于其能广泛收集来自不同职能部门、不同职级员工的意见，确保评价结果的全面性和代表性。

为了进一步评估高校收入分配的公平性，利用数据分析工具对历史数据进行统计分析是不可或缺的一环。通过对不同岗位之间的收入差异进行详细分析，可以评估这些差异是否合理，并探讨其背后的原因。数据分析工具能够帮助管理者识别出收入分配中可能存在的结构性问题，例如某些岗位的收入明显高于其他岗位而无合理解释。这种分析不仅有助于揭示收入分配的现状，还能为政策调整提供数据支撑。通过对历史数据的持续监控，可以及时发现收入分配中的不合理现象，确保分配机制的公平性和合理性。

在定量分析之外，开展焦点小组讨论也是获取定性反馈的重要方法。通过与教职工的深入交流，可以了解他们对收入分配机制的看法和建议。焦点小组讨论不仅能揭示问卷调查中未能捕捉到的细节，还能通过互动讨论激发参与者提出建设性的改进意见。这种方法的价值在于其能够挖掘出员工对分配机制的深层次理解和期望，从而为管理者提供更为立体和全面的反馈信息。通过定性与定量方法的结合，可以更好地完善收入分配方案，提高其公平性和透明度。

二、高校收入分配的效率性优化策略

（一）资源配置优化

资源配置优化是提升高校收入分配效率的关键策略。高校在资源有限的情况下，优化资源配置不仅能够提高资金使用效率，还能促进高校整体发展。优化资源配置的科学决策机制尤为重要。通过建立基于数据分析的预算编制流程，能够确保资源分配的合理性与效率。这一流程需要综合考虑各院系、部门的实际需求和发展潜力，并结合历史数据和未来趋势，制定科学的预算方案。数据分析工具的引入，使得高校能够更精准地预测资源需求，避免资源浪费和分配不均。

跨部门协作也是优化资源配置的重要手段。高校内部不同学科和单位间的资源共享，能够有效提升资源使用效率并增强协同效应。通过建立跨学科的合作平台，促进教师和学生在科研、教学等方面的合作，能够实现资源的最大化利用。例如，实验室设备、图书馆资源等在不同院系之间的共享，不仅节省了资金，还促进了学术交流和创新。跨部门协作需要管理层的支持和政策的引导，以确保各部门之间的协调与合作。

定期评估资源配置的效果，是资源配置优化的持续保障。结合绩效考核结果，及时调整资源分配策略，以适应高校发展的动态需求，是确保资源配置持续优化的有效方式。绩效考核不仅包括对教学、科研成果的评估，还应涵盖对资源使用效率的考核。通过定期评估，高校管理层可以发现资源配置中的不足之处，并进行针对性的调整，确保资源配置始终符合高校的战略目标和发展方向。

先进的信息化管理系统，为资源配置的优化提供了技术支持。信息化管理系统能够实现资源配置的实时监控与分析，提高决策的透明度和响应速度。通过信息化平台，管理者可以实时获取各部门的资源使用情况，并根据数据进行科学决策。这不仅提高了资源配置的效率，还增强了高校管理的透明度和公信力。信息化管理系统的应用，标志着高校管理从传统模式向现代化、智能化的转变，为高校的长远发展奠定了坚实基础。

（二）成本效益分析

成本效益分析在高校收入分配的效率性优化中具有重要作用。高校作为教育和科研的主体，其收入来源复杂多样，如何在有限的资源下实现收入的最大化利用，是高校管理者面临的重要课题。

建立科学的成本效益分析模型，可以帮助高校量化不同项目和活动的经济效益。这不仅有助于高校在配置资源时作出更明智的决策，还能在一定程度上反映出高校在教育和科研投入上的效率。通过这样的模型，高校可以更好地识别哪些项目能够带来更高的经济效益，进而在资源分配上进行优先考虑。这一过程需要综合考虑项目的直接和间接收益，确保高校在教育、科研和社会服务等方面综合效益的最大化。

定期对各类收入来源进行成本效益评估，是高校优化资源投入与产出比的关键环节。高校的收入来源包括学费、政府拨款、科研经费、社会捐赠等，每一种收入来源都有其自身的特点和效益。通过定期评估，高校可以识别出高效益和低效益项目，从而在资源分配上进行调整。例如，对于效益较低的项目，高校可以考虑减少投入或进行结构性改革；对于高效益的项目，则可以加大投入，促进其进一步发展。这种动态调整机制有助于高校在快速变化的竞争环境中保持优势，同时也能提高资源的使用效率。

引入外部审计和评估机制是确保成本效益分析客观性和准确性的有效手段。外部审计可以为高校的财务管理提供独立的第三方视角，从而提升成本效益分析的可信度。通过外部评估，高校可以获得关于收入分配和资源配置的专业建议，以便其在财务管理上作出更加科学的决策。此外，外部审计和评估机制的引入也有助于提升高校财务管理的透明度和公信力，增强社会对高校财务运作的信任。这对于高校吸引外部资金和社会捐赠均具有积极意义。

通过数据分析工具对高校各项支出进行细致分类，是促进财务资源有效利用的重要手段。现代数据分析技术的发展，使得高校能够对日常支出进行更加细致和精准的分析。通过对支出的必要性与合理性进行评估，高校可以识别出哪些支出是必要的，哪些可以通过优化来减少或避免。这不仅有助于提高支出的效率，还能为高校在新项目的投资和发展上提供更多的资金支持。数据分析工具的使用，使得高校财务管理更加精细化和科学化，有助于其在激烈的教育市场竞争中保持优势。

三、公平性与效率性在高校收入分配中的平衡

（一）平衡机制

在新时期的高校收入管理中，平衡公平性与效率性是一个重要的课题。为此，建立收入分配的动态调整机制尤为关键。高校应根据自身的财务状况及市场变化，及时调整收入分配政策，以实现公平性与效率性的协调发展。这种动态调整机制不仅需要高校考虑内部的财务状况，还需敏锐捕捉外部市场变化，

以便在政策制定中充分体现灵活性与适应性。通过这样的机制，高校可以在不同时期、不同环境下，确保收入分配政策的合理性和有效性，从而在公平性与效率性之间找到平衡点。

引入多层次的绩效考核体系是实现高校收入分配平衡机制的重要方面。通过结合定量与定性指标，可以更全面地评估教职工的工作表现，从而在激励其高效工作的同时，维护收入分配的公平性。这种考核体系不仅关注员工的工作成果，还需考虑其在团队合作、创新能力等方面的表现。通过多维度的考核，高校能够更准确地识别和奖励优秀人才，避免单一指标导致的结果偏差，进而在收入分配中实现公平与效率的双重目标。

推动收入分配的透明化也是实现公平性与效率性平衡的重要手段。通过信息公开和定期报告，高校可以增进教职工对收入分配机制的理解与信任。这种透明化措施不仅有助于消除信息不对称产生的误解，还能促进教职工对收入分配政策的合理性和公正性的认同。通过建立公开透明的收入分配机制，高校可以有效减少内部矛盾和不满情绪，从而为实现收入分配的公平性与效率性创造良好的环境。

收入分配的定期评估是确保高校收入管理机制有效运行的必要步骤。结合教职工的反馈与市场调研，高校能够及时优化分配方案，以适应发展的新需求。通过定期评估，高校可以识别出收入分配中存在的问题和不足，并根据实际情况进行改进。这不仅有助于提高教职工的满意度和工作积极性，还能确保收入分配政策的持续适应性和有效性，从而在公平性与效率性之间实现动态平衡。

（二）实施路径

在新时期高校收入管理的实践中，实现收入分配的公平性与效率性是复杂而重要的任务。为了在高校收入分配中实现公平与效率的平衡，实施路径的设计尤为关键。高校需要建立跨部门协作机制，以促进信息共享与资源整合。通过这种机制，可以有效提高高校内部资源配置的效率和灵活性。跨部门协作不仅能够减少重复劳动和资源浪费，还可以通过信息流通促进各部门之间相互理解和支持，从而在整体上提升高校的管理效能。

制定定期的收入分配审查与反馈制度是确保收入分配公平性与效率性的重要措施。通过定期审查，管理层可以及时掌握收入分配的执行情况，并根据反馈进行必要的调整。这种制度不仅能够提高各类人员对收入分配的认知与满意度，还可以为管理决策提供可靠的依据。通过反馈机制，管理者能够了解员工的真实想法和需求，从而在决策时更加贴近实际情况，增强政策的可执行性和有效性。

为了确保收入分配的公平性与效率性，外部专家评估机制的引入尤为重要。定期邀请独立机构对高校收入分配进行评估，可以为管理决策提供客观依据。外部专家的独立性和专业性能够有效避免内部评估可能存在的偏见和盲点，从而为高校提供更加全面和公正的评估结果。这种外部评估不仅能够提升高校的管理水平，还可以增强高校在社会公众中的公信力。

开展定量与定性相结合的收入分配效果研究是优化收入分配政策的有效途径。利用数据分析工具与员工反馈，管理者能够对收入分配政策的效果进行全面的评估。定量分析可以提供客观的数据支持，定性分析则能够揭示数据背后的原因和影响因素。通过两者的结合，管理者可以更准确地识别收入分配中的问题和改进空间，从而持续优化政策，以更好地适应高校的发展需求。

第三节　高校收入管理的信息化与透明度提升

一、高校收入管理信息化的必要性

（一）信息化对管理效率的影响

在新时期高校财务管理中，信息化已成为提升管理效率的关键因素。

信息化系统的引入使得高校能够实时监控和记录收入来源，显著提升数据的准确性和及时性。这种实时监控能力使得管理层能够在更短的时间内获取所需信息，从而作出更快速、更明智的决策。传统的收入管理方式往往依赖手工记录和人工分析，不仅耗时耗力，还容易导致数据错误。通过信息化手段，收入管理流程实现了自动化，大幅减少了人工干预。这种自动化不仅提高了工作效率，还有效降低了人为错误的发生率，为高校收入管理的准确性和可靠性提供了保障。

信息化平台的应用还使得各类收入数据得以集中管理，促进了数据的整合与分析。通过对数据的深入分析，高校可以更科学地制定财务管理策略。这种数据驱动的决策方式，不仅提高了财务管理的科学性，还为高校的长远发展提供了坚实的基础。此外，信息化工具的应用也极大地提高了收入管理的透明度，教职工和相关利益方均能够随时获取财务信息，增强了他们对财务管理的信任感，进而支持高校的各项决策和发展策略。信息化的这些优势，使其在高校收入管理中的应用显得尤为必要和迫切。

（二）信息化对决策支持的作用

信息化手段在高校收入管理中的应用，极大地提升了决策支持的效率和准确性。信息化系统能够提供实时数据分析，帮助管理层快速识别收入变化趋势，并及时调整财务策略。通过信息化系统，管理层能够在第一时间获取最新的收入数据，这种实时性使得高校可以更加灵活和动态地调整财务决策，以应对不断变化的财务环境。此外，信息化手段的应用还使得收入管理过程更加透明，减少了人为干预和操作的可能性，提高了决策的公正性。

通过信息化手段，决策者可以轻松获取各类收入数据的可视化报告，增强对财务状况的全面理解。数据的可视化不是对数据的简单呈现，而是通过图表、仪表盘等方式，将复杂的数据转化为直观的信息，帮助决策者快速理解和分析。这种转化过程有效降低了数据处理的复杂性，使得财务状况的分析不再仅仅依赖专业的财务人员，而是让更多的管理者能够参与分析和决策中，提升了整体管理的科学性和透明度。

信息化管理工具支持多维度的财务预测模型，帮助高校制订更为科学的预算和资源配置计划。通过信息化管理工具，高校可以基于历史数据和当前趋势，进行多种情景分析和预测，制定出更具前瞻性的预算方案。这种科学化的预算编制过程，不仅能够提高资源的使用效率，还能有效地规避财务风险，确保高校财务管理的健康和可持续发展。预测模型的应用使得预算不再是静态的，而是成为一种动态的管理工具，能够随时根据外部环境和内部需求的变化进行调整。

信息化平台促进了跨部门的信息共享，使得各部门在收入管理决策中能够协同工作，提高整体决策的效率和准确性。在传统的收入管理模式中，各部门的信息往往是孤立的，导致决策过程中信息不对称。而信息化平台的引入，打破了部门之间的信息壁垒，实现了数据的无缝对接和共享。这种协同工作机制不仅提高了决策的效率，也增强了决策的准确性，使得高校收入管理更加科学和高效。通过信息化平台，各部门能够在统一的信息框架下进行沟通和协作，形成合力，共同推动高校收入管理水平的提升。

二、高校收入管理信息化提升的策略

（一）加强信息化基础设施建设

在新时期，高校收入管理的信息化建设成为提升管理效率和透明度的关键。加强信息化基础设施建设是高校实现这一目标的重要策略。建立高效的网络基础设施至关重要，它不仅能保障数据传输的稳定性和安全性，还能确保各类收入管理系统的顺畅运行。通过优化网络架构和提升带宽，高校可以更好地应对大数据时代带来的挑战，确保收入管理系统的可靠性和高效性。

引入先进的财务软件和信息管理系统是提升收入数据处理能力和分析效率的重要措施。现代化的软件系统能够自动化地处理大量财务数据，提高数据分析的速度和准确性，从而满足日常管理需求。这些系统还可以提供实时数据分析和报告功能，帮助管理者作出更为精准的决策。

实施数据备份和灾难恢复方案是确保收入管理系统安全性的重要环节。高校需要制订详细的数据备份计划，定期进行数据备份，以防止数据丢失。同时，也需建立完善的灾难恢复方案，确保在意外发生后能够快速恢复重要数据。这不仅保障了财务数据的安全性，也维护了高校的财务稳定性和可持续发展。

在信息化建设过程中，加强信息安全管理是不可或缺的一部分。高校应设立严格的数据访问权限和加密措施，保护收入管理信息的机密性和完整性。通过实施多层次的安全防护措施，如防火墙、入侵检测系统和数据加密技术，确保信息系统的安全性和可靠性。

（二）完善收入管理信息系统功能

完善高校收入管理信息系统功能是提升管理效率和透明度的关键。在新时期，高校需要不断优化其收入管理信息系统，以适应快速变化的财务环境。通过完善收入管理信息系统的用户权限管理功能，可以确保不同角色的用户获取相应的数据访问权限。这不仅能够保证数据的安全性，还能有效防止信息泄露和未经授权的操作，从而提高系统的整体安全性和可靠性。

引入数据分析和可视化功能是提升高校收入管理信息化水平的重要策略之一。通过这些功能，管理层可以更直观地理解收入数据的变化趋势，从而作出科学决策。数据可视化工具能够将复杂的财务数据转化为易于理解的图形和报表，使管理者能够快速识别关键问题和发展趋势。这种分析能力的提升，不仅有助于提高高校财务管理效率，还能为高校的财务规划提供坚实的基础。

建立实时数据更新机制是确保收入管理系统信息始终保持最新状态的必要措施。在信息化管理过程中，数据的时效性对保障决策的准确性至关重要。通过实时更新机制，高校可以确保所有财务数据在系统中的同步更新，从而避免数据滞后导致的决策失误。这一机制的实施，将大幅提升管理效率，并为高校的财务管理提供可靠的数据支持。

开发收入预测和预算编制模块是高校收入管理信息化的重要组成部分。利用历史数据和市场趋势进行科学的财务规划，可以帮助高校更好地应对发展的不确定性。通过收入预测模块，高校可以预见未来的收入变化，提前制订应对策略。预算编制模块则能够帮助高校合理分配资源，优化资金使用效率。这些功能的实现，将为高校的长期发展提供有力保障。

集成多种收入来源的管理功能，实现对各类收入的统一监控和分析，是提升高校整体收入管理协调性的有效手段。通过这一功能，高校可以对不同收入来源进行综合管理，识别潜在的财务风险，并及时采取措施加以应对。这种统一的管理方式，不仅有助于提高收入管理的整体效率，还能增强高校财务管理的透明度和可控性。

（三）加强信息化人才队伍建设

在高校收入管理的信息化进程中，信息化人才队伍的建设至关重要。信息化人才不仅需要具备扎实的信息技术基础，还需要了解财务管理的独特需求。建立信息化人才培养体系是提升团队能力的关键，通过定期培训和专业发展计划，员工可以不断提升在信息化管理工具使用方面的能力。这些培训计划应包括最新的信息技术发展和如何将其应用于高校财务管理的实践中，以确保团队建设始终处于行业的前沿。

引入外部专家和顾问进行专项培训也是重要的策略。外部专家可以带来最新的科研技术和管理理念，帮助团队掌握必要的技能。这种外部视角不仅能为团队提供新的见解，还能促进创新思维的培养。通过与专家的互动，团队成员能够更好地理解信息化管理的复杂性，并在实践中应用这些知识，进一步推动高校收入管理的信息化进程。

为了吸引和留住优秀的信息化人才，高校需要制定明确的人才招聘标准。特别是那些具备信息技术和财务管理双重背景的人才，可以为团队带来综合的视角和能力。通过这样的招聘标准，高校能够建立一支具有高水平的团队，确保在信息化管理中取得显著成效。这不仅有助于提升整体管理水平，也能为高校的长远发展奠定坚实的基础。

鼓励信息化人才参与行业交流与研讨会也是提升其能力的重要途径。通过参与这些活动，信息化人才可以拓宽自身视野，了解最新的行业动态和技术发展。这种行业间的交流不仅能带来新的视角和思路，还能激发创新能力，使高校在信息化管理中始终保持竞争力。行业交流的经验也可以转化为实际管理中的创新实践，推动高校收入管理的不断优化。

建立信息化人才的绩效考核机制是激励员工积极参与信息化管理的重要手段。通过合理的绩效考核，员工可以在信息化管理中积极探索和实践，从而推动整体管理水平的提升。绩效考核机制应注重考查员工的创新能力和实际应用能力，确保其在信息化管理中不断进步。通过这种激励机制，高校能够培养出一支积极进取的信息化管理团队，为高校收入管理的信息化提升提供有力支持。

三、高校收入管理透明度的提升路径

（一）信息公开制度的完善

信息公开制度的完善是提升高校收入管理透明度的关键因素之一。在高校收入管理中，信息公开制度的完善不仅有助于提高财务管理的透明度，还能增强各方对高校收入使用的信任。因此，建立高校收入管理信息公开平台至关重要。该平台需确保所有教职工和相关利益方能够方便地获取收入管理的相关信息。这一举措不仅可以增强透明度，还能促进高校内部的沟通与协作，确保所有利益相关者对收入管理有清晰的了解和监督能力。

制定明确的信息公开政策是推动信息公开制度完善的基础。高校需要详细规定信息公开的内容、频率和方式，以确保信息的及时性和准确性。信息公开内容应包括收入来源、资金使用情况以及预算执行情况等，以便利益相关者能够全面了解高校的收入管理状况。通过这些措施，高校可以在信息公开的过程中形成规范化的操作流程，减少信息不对称导致的误解和矛盾，进而提升管理的效率和透明度。

设立专门的信息公开委员会是确保信息公开政策有效执行的重要保障。该委员会应由不同部门的代表组成，负责监督和评估信息公开的实施情况。委员会的职责不仅包括检查信息公开的合规性，还需就信息公开过程中遇到的问题提出改进建议。通过这种方式，高校可以在信息公开的过程中及时发现问题，并进行有效调整，确保信息公开制度的持续优化和完善。

开展定期的信息公开培训是提高教职工对信息公开制度认识和理解的重要手段。培训内容应包括信息公开的政策要求、操作流程以及信息公开的重要性等。通过培训，教职工可以增强参与意识，并在实际工作中积极支持和配合信息公开工作。这不仅有助于提高信息公开的质量和效率，还能为高校营造一个更加透明和开放的管理环境。

利用现代信息技术手段，如数据可视化工具等，是提升信息公开直观性和易读性的重要途径。通过数据可视化，高校可以将复杂的收入管理数据转化为直观的图表和图形，使相关数据易于理解和使用。这不仅有助于利益相关方快速获取所需信息，还能提高其对数据的分析和利用能力，进而促进高校收入管理的科学化和精细化。

（二）收入分配流程的透明化

收入分配流程的透明化在高校财务管理中扮演着至关重要的角色。

1. 制定清晰的收入分配流程图

在收入分配流程图中，需要明确各环节的职责与权限，确保流程的透明性和可追溯性。这种清晰的流程设计不仅有助于管理层更好地理解和控制收入分配的各个环节，也增强了教职工对流程的信任感。通过这样的设计，参与者可以清楚地了解每个环节的操作细节和决策依据，从而在流程中更主动地参与和监督。

2. 定期发布收入分配相关报告

这些报告应详细说明各类收入的分配标准和依据，增强教职工的理解与信任。通过公开透明的报告机制，教职工能够更好地理解收入分配的合理性和公平性，从而减少误解和质疑。这种透明化的沟通方式不仅提升了员工对管理层的信任，也有助于营造一个更为和谐的校园财务环境。

3. 信息化系统的作用

利用信息化系统记录和存档收入分配的每一环节，可以确保数据的完整性和可查性。这种系统化的管理方式不仅提高了工作效率，也为后续的审计和分析提供了可靠的数据支持。通过信息化手段，管理层可以更精准地掌握收入分配的动态变化，并及时调整策略，确保分配流程的合理性和科学性。

4. 设立反馈机制

鼓励教职工对收入分配流程提出意见和建议，促进流程的不断优化与改进。这种双向沟通机制不仅提升了教职工的参与感和满意度，也为高校管理层提供了宝贵的改进建议。通过持续的反馈和调整，收入分配流程能够更加贴近实际需求，进而提高高校收入整体管理效能。

5. 开展定期的收入分配培训

通过系统的培训，可以提高教职工对收入分配流程的认识，增强其参与感和满意度。培训不仅有助于员工更好地理解复杂的财务管理流程，也提升了他们在流程中的主动性和责任感。通过持续的教育和引导，高校能够打造出一支对财务管理流程有深刻理解和高度参与的教职工队伍，从而进一步推动收入分配流程的透明化和科学化。

（三）公众监督机制的建立

高校收入管理的透明度提升是现代教育管理中的重要课题，公众监督机制的建立是实现这一目标的关键步骤。通过设立独立的监督机构，能够有效地对高校收入管理进行定期审查。这些机构不仅要负责审查高校收入的透明度，还需确保各项收入的使用都符合国家和地方政策的规定。这种独立的审查机制能够在很大程度上增强公众对高校财务管理的信任，同时也为高校管理层提供了自我检视和改进的机会。

为了进一步增强公众的参与度，高校需要设立公众意见反馈渠道。这些渠道可以是热线电话、电子邮箱或在线平台，旨在鼓励社会各界人士对高校收入管理进行监督。这种开放的反馈方式不仅有助于及时收集公众的建议和投诉，还能为高校财务管理的改进提供重要的参考依据。通过这种方式，高校可以更好地了解公众的期望和需求，从而在管理实践中作出相应的调整。

定期开展公众参与活动也是提升高校收入管理透明度的重要路径之一。通过邀请教职工和社会代表参与收入管理的讨论与决策，可以有效增强管理的民主性和透明度。这些活动不仅能够让参与者对高校的财务状况有更深入的了解，还能激发他们对高校发展的责任感和参与感。这种互动的方式有助于形成一种开放、透明的管理文化，促进高校与社会之间的良性互动。

现代信息技术的应用为提升高校收入管理的透明度提供了新的工具。通过建立在线平台，高校可以实时发布收入管理的相关数据和报告。这些信息的公开不仅方便了公众查阅和监督，也为高校树立了负责任的财务形象。在线平台的使用能够大大提高信息的传递效率，使得信息的获取不再受时间和空间的限制，从而增强高校财务管理的透明度和公信力。

定期发布收入管理的审计报告是提升高校财务管理透明度的有效手段。通过向社会公开审计结果，高校能够展示其在财务管理方面的合规性和透明度。这种做法不仅有助于增强社会对高校财务管理的信任，也能为其他高校提供可借鉴的经验。通过这种方式，高校可以在公众面前树立起诚实、透明的管理形象，进一步提升其在社会中的公信力。

四、高校收入管理信息化与透明度的协同提升

（一）信息化与透明度的互动关系

信息化与透明度之间存在着密切的互动关系。在高校收入管理中，信息化系统通过实时数据更新，显著增强了收入管理的透明度。这一系统的应用使教职工能够随时获取最新的财务信息，从而提高对管理决策的信任度。在传统的财务管理模式中，信息的滞后性和不对称性常常导致管理透明度不足，而信息化手段的引入有效解决了这一问题。通过信息化系统，财务信息的传递变得更加高效和准确，使教职工能够在第一时间了解到收入管理的动态变化。

透明的收入管理流程依赖信息化手段的支持。信息化不仅是技术层面的革新，还是管理理念的提升。通过信息化手段，各类收入的来源和分配依据得以清晰呈现，确保了财务管理的公正性。信息化工具的运用，使得信息的采集、处理和发布更加快捷，减少了人为干预的可能性，从而增强了财务管理的透明度。透明度的提升不仅有助于提升高校的声誉，也有助于教职工和管理层之间建立更加信任的关系。

信息化工具的应用使得收入数据的分析和可视化变得更加简便。这种技术的进步帮助管理层能够快速识别问题并作出相应的调整，从而提升决策的效率。在信息化环境下，数据分析不再是烦琐的过程，而是通过直观的可视化工具得

以实现。管理层可以通过图表和数据模型，迅速掌握收入管理的全貌，及时发现潜在的问题，并采取相应的措施进行调整。这种高效的决策能力是传统管理模式无法比拟的。

通过搭建信息化平台，高校能够建立起有效的反馈机制，促进教职工对收入管理的参与。这一机制的建立不仅增强了管理的民主性和透明性，还为教职工提供了表达意见和建议的渠道。在信息化平台上，教职工可以对收入管理的各个环节进行评价和反馈，这种互动式的管理方式有助于提升管理的科学性和合理性。信息化与透明度的协同提升，使得高校收入管理不仅在技术层面得到了加强，更在管理理念上实现了质的飞跃。

（二）协同提升的实施策略

在高校收入管理的信息化与透明度提升过程中，协同提升的实施策略尤为重要。

建立跨部门协同机制是实现信息化系统与各部门收入管理流程整合的关键。通过跨部门的合作，可以有效促进信息共享与资源利用的高效性。在这一过程中，各部门需要打破“信息孤岛”，建立统一的数据标准和接口，以确保信息的无缝流动。这不仅提高了管理效率，也为决策提供了更全面的信息支持。此外，跨部门的协同机制还能够在问题出现时，快速协调各相关部门进行解决，减少信息传递的滞后性和误解，从而提升整体管理效能。

为确保信息化管理工具能够被有效应用，制订系统化的培训计划是不可或缺的一步。通过培训计划，教职工可以提升对信息化管理工具的使用能力，从而增强其在收入管理中的参与感与主动性。培训内容应涵盖信息化工具的基本操作、数据分析能力的提升以及如何在实际工作中应用这些工具。通过持续的培训与实践，员工不仅能够熟练掌握工具的使用，还能够在工作中主动发现问题并提出改进建议。这种主动性和参与感的提升，将进一步推动高校收入管理的信息化与透明度的协同发展。

引入数据驱动的决策支持系统是提升高校收入管理水平的重要策略。通过实时分析和可视化工具，管理层可以快速识别收入管理中存在的问题与优化机会。这些工具能够将复杂的财务数据转化为直观的图形和报告，使决策者能够在最短的时间内获取关键信息。此外，数据驱动的决策支持系统还可以通过分析历史数据，预测收入趋势，为高校的财务规划提供科学依据。通过这种方式，高校可以在收入管理中更加主动地进行调整与优化，从而实现财务管理的精细化和科学化。

定期组织跨部门的反馈与讨论会议，是持续改进与创新的重要途径。在会议中，收集教职工对信息化与透明度提升措施的意见，可以为改进工作提供宝贵的第一手资料。这些反馈能够帮助管理层了解政策实际执行中存在的问题以及员工的真实需求，从而在后续的改进中做到有的放矢。此外，跨部门的讨论还能够激发创新思维，促进不同部门之间的经验交流与学习。通过这种方式，高校的收入管理不仅能够保持信息化与透明度的协同提升，还能够在不断地反馈和改进中实现创新与突破。

第四节 高校收入增长的策略与路径探索

一、高校收入增长的内部策略

（一）成本控制优化

高校收入增长的过程中，成本控制优化是不可忽视的。建立全面的成本控制体系是实现这一目标的关键步骤。具体而言，高校需通过预算编制、执行和监控等环节，确保各项支出符合预定的财务目标。预算编制应以科学合理为原则，充分考虑各项支出的必要性和合理性，避免浪费。在执行过程中，需严格按照预算进行支出，确保资金的使用效率，并在监控阶段及时发现偏差，进行调整。这种全面的成本控制体系不仅有助于高校实现财务目标，还能为其收入增长提供稳固的基础。

精细化管理是成本控制优化的另一个重要方面。通过细化各部门和项目的成本，能够更清晰地识别成本超支的具体原因。高校可以通过对各个部门的成本进行详细分析，找出成本超支的环节，并针对性地进行调整。例如，某些项目可能由于计划不周或执行不力导致成本超支，通过分析可以发现这些问题并进行改进。精细化管理不仅提高了成本控制的精准度，还能帮助高校更有效地分配资源，提升其整体管理水平。

在信息技术日益发展的今天，引入先进的信息技术手段是提升成本管理效能的重要途径。利用数据分析工具实时监控成本动态，能够提高成本管理的透明度和响应速度。高校可以通过信息系统实时获取各项成本数据，并进行分析和预测，从而及时作出调整。这种实时监控不仅能够帮助高校及时发现问题，还能为决策提供数据支持，增强管理的科学性和有效性。

成本意识的培养是成本控制优化的基础。高校应加强员工的成本意识培训，提升全体员工对成本控制的认知度与参与度。通过培训和宣传，能使员工认识到成本控制对高校发展的重要性，激发他们参与成本管理的积极性，形成全员参与的成本管理文化。这不仅能够提高成本控制的效果，还能增强团队的凝聚力和责任感，为高校的可持续发展奠定坚实的基础。

（二）资源配置提升

资源配置提升在高校收入增长策略中扮演着至关重要的角色。优化资源配置是提升资源利用效率的核心。通过先进的数据分析工具，高校可以实时监测各部门的资源使用情况。这不仅有助于发现资源分配中的不平衡和浪费现象，还能够根据数据反馈进行及时调整，确保资源的合理分配与高效利用。数据驱动的资源管理使得高校在资源配置上更加精准和科学，从而在资源有限的情况下，最大化地发挥其效用。

为了进一步提高资源配置的灵活性和适应性，高校应积极建立跨学科资源共享机制。这种机制能够打破学科间的壁垒，促进不同学科之间的协作与资源整合。通过资源共享，不同学科可以互相借鉴和利用彼此的资源，从而实现资源的最大化利用。这不仅能够提高资源配置的灵活性，还能够增强高校整体的创新能力和竞争力。跨学科资源整合既能够为高校提供更多的发展机会，也能够推动学术研究和教学质量的提升。

定期进行资源配置效果评估是确保资源配置动态优化的重要手段。通过绩效考核结果和实际需求的结合，高校可以对资源配置策略进行及时调整。这种动态调整机制能够有效应对外部环境的变化和内部需求的更新，确保资源配置始终处于最优状态。资源配置效果评估不仅是对资源使用情况的总结，更是对未来资源配置策略的指导。通过科学的评估，资源配置能够更加贴合实际需求，推动高校的可持续发展。

引入外部专业咨询是提升资源配置科学性与前瞻性的重要举措。行业专家凭借其丰富的经验和专业视角，能够为高校提供具有前瞻性和创新性的资源配置建议。外部视角的引入，不仅提升资源配置的科学性，还增强高校的整体竞争力。通过借鉴行业内的最佳实践，高校可以在资源配置上实现突破，进而在激烈的竞争中占据有利位置。外部专业咨询的引入，为高校的资源管理注入了新的活力和动力。

二、高校收入增长的外部策略

（一）政府政策利用

在当前复杂多变的政策环境中，高校需要充分利用政府政策，实现收入的增长。政府政策利用不是被动地接受政策的恩惠，而是积极参与政策的制定与反馈过程。通过参与政府教育政策的制定，高校能够确保自身的利益和需求在政策中得到充分体现。这种参与不仅有助于高校获得更多的政策支持和资源分配，还能为政府提供更为准确的高等教育发展需求信息，形成良性互动。在政策执行过程中，高校应主动反馈政策实施中的实际效果和问题，协助政府进行政策调整和优化，以便更好地服务于高等教育的健康发展。

高校可以通过申请政府提供的各类资金补助和专项资助项目，来支持科研、教学及基础设施建设。这些资金不仅能够直接提高高校的收入水平，还能间接提升高校的办学质量和竞争力。在申请这些资金时，高校需要具备敏锐的政策洞察力，及时了解和掌握政府的资助方向和重点项目，结合自身的优势和发展需求，制定出切实可行的申请方案。此外，高校还需提高项目管理能力，确保资金的高效使用和项目的顺利实施，以实现资金效益的最大化。

与地方政府的合作也是高校收入增长的重要途径之一。通过加强与地方政府的合作关系，高校可以争取到更多的地方财政支持。地方政府往往需通过项目合作和政策引导，支持高校的发展。高校应积极参与地方经济社会发展项目，利用自身的科研和人才优势，服务地方经济的同时，拓宽资金来源渠道。例如，高校可以通过参与地方政府的科技创新项目，获得项目资金支持，同时提升自身的科研实力和社会影响力。

关注国家和地方政府的教育改革政策，及时调整高校的发展战略与财务管理措施，是高校在政策环境中保持竞争力的重要手段。教育改革政策的变化，往往伴随新的机遇和挑战。高校需要对政策变化保持高度敏感，及时进行战略调整，以适应新政策带来的环境变化。通过调整财务管理措施，高校可以优化资源配置，提高资金使用效率，增强应对政策变化的能力，从而在激烈的高等教育市场竞争中立于不败之地。

（二）社会资源整合

社会资源整合在高校收入增长中扮演着至关重要的角色。高校可以通过建立与企业的合作关系，积极探索校企合作模式，增强资金来源和社会影响力。通过共同开发项目、提供实习机会和获得企业赞助，高校不仅可以获得直接的经济支持，还能够提升自身的品牌价值和社会认可度。校企合作模式的成功实施，要求高校在合作过程中明确各方的责任与利益分配，确保合作的可持续性和互惠性。通过这种方式，高校可以更好地融入社会经济体系，形成良性循环。

拓展与非营利组织和基金会的合作，也是高校实现收入增长的重要策略。高校应积极争取社会捐赠和资助，推动社会资源向科研和教育领域的流动。这不仅有助于缓解高校在资金方面的压力，还能促进科研项目的顺利实施和教学质量的提升。与非营利组织合作，可以为高校的研究项目提供更多的资金支持和资源共享机会，进一步推动高校在社会公益事业中的参与度和影响力。通过有效的合作机制，高校可以在资源整合中获得更大的发展空间。

利用高校的科研成果和技术优势，开展技术转让和咨询服务，是提升高校经济收益和社会服务能力的有效途径。高校可以通过将自身的创新成果转化为实际应用，吸引社会资本的投资，进而提高经济收益。这不仅能为高校带来直接经济效益，还能提升高校在社会中的声誉和影响力。在技术转让过程中，高校需要注重知识产权的保护和技术应用的市场化，确保科研成果能够在实际应用中发挥最大效能。

积极参与地方社区建设与发展项目，可以提升高校的社会责任感和影响力，同时拓宽其资金来源渠道。高校与地方政府和社会团体合作，不仅能为地方经济和社会发展提供智力支持，还能通过参与地方项目获得资金支持和政策优惠。高校在参与地方建设中，应注重发挥自身的学科优势和人才资源，确保在服务地方发展的同时，也实现自身的可持续发展。这种合作模式有助于高校与地方社会形成良好的互动关系，进一步推动高校的全面发展。

三、高校收入增长的创新策略

（一）新兴市场开拓

在新时期，高校收入增长面临诸多挑战，创新策略的探索成为必然选择。

新兴市场的开拓是高校收入增长的重要途径之一。通过探索在线教育市场，高校可以提供在线课程和远程学习项目，吸引更多学生。这种方式不仅可以突破地域限制，扩大生源范围，还能通过多样化的课程设置满足不同学习者的需求，从而拓宽收入来源。在线教育市场的快速发展为高校提供了前所未有的机遇，尤其在信息技术日益普及的背景下，高校应积极利用这一趋势，创新教学模式，提升教育服务的质量和吸引力。

开发短期职业培训和技能提升项目也是高校收入增长的有效策略之一。针对行业需求定制课程，可以吸引在职人员和社会人士参与。这类项目不仅能够满足社会对职业技能提升的迫切需求，还能帮助高校在竞争激烈的教育市场中找到新的定位。通过与目标行业的紧密合作，高校可以实时调整课程内容，确保其培训项目的实用性和前瞻性，从而增强市场竞争力和吸引力。这种灵活的教育模式有助于高校在收入增长的同时，提升自身的社会影响力和声誉。

高校还可以利用自身的科研成果，开展技术转让和知识产权服务，吸引企业投资，创造新的收入渠道。高校在科研方面的优势可以通过技术转让转化为经济收益，尤其是在高新技术领域，高校的科研成果往往具有很高的市场价值。通过建立完善的技术转让机制，高校可以有效地将科研成果推向市场，实现科研与产业的无缝对接。同时，这种合作模式也能促进高校与企业之间的深度合作，实现资源共享和优势互补，为高校收入增长提供持续动力。

建立国际合作项目也是高校收入增长的创新策略之一。通过争取海外学生和科研资金，高校可以提升自身的全球影响力与经济收益。国际合作不仅能带来直接经济收益，还能提升高校的国际声誉和学术影响力。跨国合作有助于高校在全球化背景下拓展发展空间，获取更多的资源和机会。通过与国际知名院校和科研机构合作，高校可以引进先进的教育理念和教学方法，提升自身的教育质量和科研水平，从而在国际教育市场中占据更有利的地位。

（二）创新项目孵化

创新项目孵化在高校收入增长中扮演着至关重要的角色。通过建立内部创新孵化中心，高校能够聚焦于教师和学生的创新项目，提供必要的资金、资源和技术支持。这种支持不仅有助于新项目的快速发展和市场化，也为高校创造了新的收入来源。这些孵化中心通常配备了专业的管理团队和技术顾问，帮助项目团队克服技术和市场化过程中遇到的各种挑战，确保项目能够顺利进入市场。

为了推动创新项目的成功，高校需要鼓励跨学科团队合作。通过这种合作，团队能够利用多元化的知识和技能，推动新兴技术和理念的融合，形成具有市场竞争力的创新项目。这种合作不仅能够激发团队成员的创造力，还能促进不同学科之间的交流与合作，从而产生更多的创新成果。此外，跨学科团队的合作还能够帮助项目更好地适应市场需求，提高项目的成功率和市场竞争力。

引入风投资本和社会资本是创新项目孵化的另一个重要策略。通过建立多元化的融资渠道，高校可以为创新项目提供必要的资金支持，降低项目孵化过程中的财务风险。这种多元化的融资方式不仅能够为项目提供充足的资金支持，还能引入外部的专业知识和经验，帮助项目更好地应对市场挑战。此外，通过与外部资本合作，高校能够建立广泛的社会网络，为项目的市场化和推广创造更多的机会。

开展创新项目的评估与反馈是确保项目成功的重要手段。通过定期分析项目进展和市场反应，高校能够及时调整策略以应对变化，提高项目的成功率和收益。这种评估机制不仅能够帮助项目团队识别和解决问题，还能为未来的项目提供宝贵的经验。通过不断的评估与反馈，高校能够不断优化创新项目的孵化流程，提高项目的市场化能力和经济效益。

四、高校收入增长的可持续性路径

（一）绿色校园建设

绿色校园建设在当前高校收入管理实践中扮演着至关重要的角色。通过推动绿色校园基础设施建设，高校可以在节能建筑、绿色交通系统和可再生能源设施上取得显著进展。这些措施不仅有助于减少校园运营的碳足迹，还能为高校节约大量的能源成本。节能建筑的设计与应用，不仅提高了校园建筑的能源效率，还为学生提供了一个舒适的学习环境。绿色交通系统的引入，便于师生采用低碳出行方式，减少交通排放。此外，利用太阳能、风能等可再生能源设施，可以为校园提供稳定的绿色能源供应，降低对传统能源的依赖。这些绿色基础设施的建设，不仅能在环境保护上产生积极影响，也为高校收入的可持续增长提供了新的路径。

资源循环利用项目是绿色校园建设中不可或缺的一部分。通过实施废物分类和回收项目，高校能够有效减少垃圾填埋量，降低对环境的影响。这些项目的成功实施，依赖校园内各类资源的合理配置和高效管理。在废物分类方面，可以通过设置不同类别的垃圾桶，并配合相应的宣传教育活动，提高师生的垃圾分类意识和参与度。回收项目的推进，不仅能够将可回收物资转化为再生资源，还能为高校带来一定的经济收益。通过与专业的回收公司合作，高校可以在资源循环利用的过程中，获得技术支持并拓展市场渠道，确保项目的长期可持续性。这种资源循环利用的模式，不仅契合绿色校园建设的目标，也为高校的收入增长提供了新的思路。

绿色教育与宣传活动是绿色校园建设的重要组成部分。高校通过开展系列环保主题教育，能够有效提升师生的环保意识，激发其参与绿色校园建设的积极性。这些活动可以通过讲座、工作坊、环保志愿者项目等多种形式进行，旨在向师生传递可持续发展的理念和实践方法。在绿色教育中，强调理论与实践的结合，通过实际案例分析，帮助师生理解绿色校园建设的重要性及其对高校收入增长的影响。开展宣传活动，不仅能够营造浓厚的生态文化氛围，还能促进师生在日常生活中养成环保习惯。通过这种方式，高校不仅能提升自身的社会责任感，还能为绿色校园建设的可持续发展奠定坚实的基础。

建立完善的绿色校园管理体系，是确保绿色建设措施有效实施的关键。在这一过程中，高校需要制定一系列政策和标准，以指导和规范绿色校园建设的各个环节。这些政策应涵盖节能减排、资源循环利用、绿色教育等多个方面，确保各项措施在实施过程中具有明确的目标和可操作性。管理体系的建立，还需要配备专业的管理团队，负责监督和评估绿色校园建设的进展情况，并根据实际情况进行持续改进。通过定期的审查和评估，高校能够及时发现问题并采取相应措施，确保绿色建设的各项工作能够按照既定目标顺利推进。绿色校园管理体系的建立，不仅为绿色校园建设提供了制度保障，也为高校收入的可持续增长创造了良好的环境。

（二）长期合作伙伴关系建立

在高校收入增长的可持续性路径中，建立长期合作伙伴关系是一项关键的战略举措。长期合作伙伴关系的建立，不仅能为高校带来稳定的收入来源，还能促进高校与合作伙伴之间的资源整合与优势互补。为实现这一目标，高校需要在合作的初始阶段进行战略规划，明确合作目标与双方的利益诉求。通过这种方式，可以确保合作的可持续性与互利性，进而为高校收入的稳步增长奠定基础。

1．定期举办合作交流活动

通过定期举办交流活动，高校可以在教育、科研等领域与合作伙伴进行深入的互动与资源共享。这种互动不仅能增强合作的深度与广度，还能为高校带来新的收入增长点。例如，通过与企业的合作，可以推动科研成果的产业化应用，从而实现经济效益的提升。同时，这种合作也能为学生提供更多的实习与就业机会，进一步增强高校的吸引力与竞争力。

2．签订详细的合作协议

合作协议应明确各方的责任与义务，规定合作的具体内容、时间节点以及预期成果。通过这种方式，可以有效避免合作过程中可能出现的争议与矛盾，确保合作项目的顺利实施与成果的有效转化。在合作协议的签订过程中，高校应充分考虑合作伙伴的需求与期望，以实现共赢。

3．建立反馈与评估机制

通过定期对合作效果进行评估与分析，高校可以及时发现合作中存在的问题与不足，并据此调整合作策略。反馈机制的建立，不仅能提升合作的透明度与信任度，还能为高校与合作伙伴的长期合作奠定坚实的基础。通过持续的改进与优化，高校可以不断提升合作项目的质量与效益，实现收入的持续增长。

第四章 新时期高校支出管理实践问题研究

第一节 高校支出结构的优化与调整策略

一、高校支出结构的现状分析

（一）教育教学支出占比及合理性评估

教育教学支出在高校预算中占据重要地位，其合理性直接影响着高校的教学质量和发展方向。在新时期，随着教育需求的多样化和高等教育的普及，高校的教育教学支出面临着重新评估的必要性。教育教学支出占比的合理性评估需要综合考虑多方面因素，如当前高校的教育目标、学生规模、课程设置以及社会对人才的需求变化。通过对比国内外高校的支出结构，可以发现，教育教学支出在整体预算中应保持适度的比例，以确保教学质量的提升和学生的全面发展。合理的支出比例不仅可以满足高校的短期需求，还能为其可持续发展奠定基础。

教育教学支出在高校整体预算中的比例分析显示，过高或过低的支出比例都可能对高校的发展产生不利影响。过高的教育教学支出可能导致科研、基础设施等其他重要领域的资金短缺，影响高校的综合实力和竞争力。相反，过低的支出比例则可能削弱教学质量，无法满足学生发展的需要。因此，高校需要在教育教学支出和其他领域支出之间找到一个平衡点，以实现资源的最优配置。通过对比国内外高校的支出比例，可以为我国高校提供有益的借鉴，帮助其在预算分配中作出更科学合理的决策。

教育教学支出对高校教学质量和学生发展的直接影响不容忽视。充足的教育教学支出可以为高校提供优质的教学资源，吸引和留住优秀的教师，改善教学设施，从而提高教学质量和学生的学习体验。此外，合理的支出还可以支持课程创新和教学改革，推动高校教育模式的多样化和现代化。与此同时，教育教学支出与科研、基础设施等其他支出之间的相互关系也需得到重视。高校只有在各项支出之间实现协调发展，才能在激烈的竞争中保持优势，实现可持续发展。

优化教育教学支出结构的必要性及其对高校可持续发展的促进作用显而易见。随着社会经济的发展和教育需求的变化，高校需要不断调整和优化其支出结构，以适应外部环境的变化和内部发展的需要。高校通过合理配置教育教学支出，可以提高资源利用效率，增强自身的竞争力和影响力。同时，优化支出结构也是高校实现可持续发展的重要途径之一，不仅可以提升高校的教学质量和科研水平，还能为其长远发展提供坚实的资金支持。因此，优化教育教学支出结构是高校在新时期面临的重要课题，需要引起高度重视。

（二）科研支出与成果产出的对应关系

科研支出在高校预算中占据着重要地位，其与科研成果产出的对应关系直接影响高校的科研能力和声誉。科研经费的投入不仅是为了满足基础研究的需要，更是为了推动应用研究和技术创新。近年来，随着国家对科研创新的重视，高校科研支出逐年增加，为高校在国际科研领域的竞争中提供了有力支持。科研支出与成果产出的对应关系，体现了高校在资源配置上的战略性思考，如何通过合理的支出结构，实现科研成果最大化，是当前高校管理者面临的重要课题。

科研支出对科研项目数量和质量的影响分析显示，充足的科研经费能够增加项目立项的机会，同时提高项目的研究质量。在科研项目的数量上，资金的支持使得更多的研究课题得以立项和实施，不仅有助于丰富高校的科研课题库，还能促进多学科交叉研究的开展。在项目质量上，科研支出的增加使得项目实施过程中可以采用更先进的研究方法和设备，从而提高研究成果的创新性和影响力。高校必须在科研经费的分配上，注重项目的实际需求和潜在影响，以确保资金的高效使用。

科研支出与学术论文发表数量及影响因子的关系探讨是衡量科研投入产出效率的重要指标。研究表明，科研经费的增加通常与学术论文发表数量的增长呈正相关。然而，仅仅关注论文数量并不足以全面评估科研成果的质量和影响力。影响因子作为衡量学术论文影响力的重要指标，受多种因素影响，包括研究的创新性、方法的严谨性以及学术界的认可度。因此，高校在增加科研支出的同时，也应注重科研团队的建设和学术氛围的营造，以提升学术论文的整体质量和影响力。

科研支出对科研团队建设和人才培养的促进作用不容忽视。充足的科研经费为高校吸引和留住优秀科研人才提供了保障，同时也为年轻学者和研究员提供了更多的学术机会和成长平台。科研团队的建设需要长期的投入和支持，科研经费的合理配置能够促进团队的稳定和发展。通过科研支出的支持，高校可以开展更多的学术交流活动和合作研究项目，提升团队的国际化水平和科研实力，从而推动高校整体科研水平的提升。

科研支出与技术转化及产业化成果的关联性研究表明，高校科研经费的投入不局限于学术研究，还在技术转化和产业化方面发挥着重要作用。科研支出为高校提供了将科研成果转化为实际应用的资金支持，从而促进产学研结合，推动科技成果的产业化。通过科研经费的合理使用，高校可以在技术转化过程中加强与企业的合作，提升科研成果的市场化水平，最终实现科研价值的最大化。高校应在科研支出管理中，注重技术转化的潜力和实际应用的可能性，以提高科研投入的经济效益。

（三）行政管理与服务支出的效率分析

行政管理与服务支出的效率在高校财务管理中扮演着至关重要的角色。行政管理支出作为高校预算的重要组成部分，其合理性评估直接关系到高校的财务健康状况。通过对高校行政管理支出的详细分析，可以发现其在总预算中的占比往往较高，这不仅影响其他教学与科研活动的资金分配，还可能导致资源配置的不平衡。因此，合理评估行政管理支出成为优化高校支出结构的关键环节。高效的行政管理支出应当在保证运营正常的基础上，最大限度地减少开支，以提升整体的资源利用效率。

1. 行政管理支出

行政管理支出对高校日常运营效率的影响不容忽视。合理的行政支出不仅能够维持高校的正常运转，还能为教学和科研活动提供有力的支持。然而，过高的行政支出可能导致资源浪费，影响高校的整体运营效率。因此，在分析行政支出对日常运营的影响时，需要综合考虑其在高校运营中所起到的支持作用和潜在的资源浪费风险。通过优化行政管理支出，可以实现资源的合理配置，提高高校的整体运营效率，进而提升高校教育质量和科研水平。

2. 服务支出

服务支出在提升学生满意度和高校形象中具有重要作用。服务支出包括学生服务、校园安全、后勤保障等多个方面，这些支出直接影响学生的校园感受和高校的社会形象。通过合理配置服务支出，提升服务质量，不仅能够提高学生的满意度，还能提高高校的吸引力和竞争力。同时，通过对服务支出的优化，也可以促进资源的合理利用，提升高校整体的资源配置效率。优化后的服务支出应当在满足基本服务需求的基础上，注重服务质量和效率的提升，以实现高校的可持续发展。

（四）基础设施建设与维护支出的必要性

基础设施建设与维护支出在高校财务管理中占据了重要地位，其必要性体现在多个方面。

基础设施建设直接影响高校的教学环境。现代化的教室、实验室和图书馆等设施，不仅强化了教学的功能性，也对教学质量的提高起到了积极作用。高校在基础设施上的投入能够满足多样化的教学需求，为学生提供良好的学习条件，促进他们的全面发展。此外，现代化的设施也为高校开展多样化的教学活动提供了可能性，推动了教学方法的创新和教育质量的提升。

基础设施维护支出则是保障校园安全和设备正常运转的关键。高校作为一个人员密集的场所，安全问题不容忽视。定期的维护不仅能确保设备的正常运转，避免设备故障导致的教学中断，还能保障学生和教职工的安全与健康。通过合理的维护支出，高校能够有效降低安全隐患，营造一个安全、舒适的学习和工作环境，从而提高校园生活的质量和效率。

基础设施投资对于高校吸引优秀师生和提升高校竞争力具有重要作用。优良的基础设施不仅能够提升高校的整体形象和声誉，还能为高校在激烈的教育市场竞争中脱颖而出提供有力支持。良好的设施条件是吸引优秀教师和学生的重要因素之一。它们为师生提供了一个良好的教学和科研环境，使高校在学术和科研领域更具吸引力和竞争力。因此，高校在基础设施建设和维护方面的投入，不仅是一种财务支出，更是一种战略投资，有助于提升高校的综合实力和长远发展。

（五）福利与学生活动支出的平衡性

福利与学生活动支出的平衡性是当前高校支出管理中的一个重要议题。福利支出直接影响学生的心理健康和幸福感，进而提升学生的整体满意度和归属感。合理的福利支出可以为学生提供更好的生活条件和心理支持，帮助他们更专注于学业和个人发展。与此同时，学生活动支出在丰富校园文化、促进学生全面发展方面具有不可替代的重要性。这些活动不仅为学生提供了展示自我和拓宽视野的机会，还增强了他们的社交能力和团队合作精神。因此，在高校支出结构中，在福利和学生活动支出之间找到平衡，是提升学生生活质量和校园活力的关键。

福利与学生活动支出的合理配置对资源利用效率有着重要影响。若配置不当，则可能导致资源浪费和重复支出，降低高校整体的资源利用效率。为了避免这种情况，高校需要对福利和学生活动支出进行科学合理的规划。通过对学生需求的深入调研和分析，制订出符合学生实际需求的支出计划，可以有效提升资源的使用效率。这样不仅能满足学生的基本需求，还能通过合理的活动安排，丰富学生的课余生活，促进他们的全面发展。

福利与学生活动支出之间的协同作用是提升学生参与度和校园活力的重要因素。福利支出为学生提供了一个稳定和谐的生活环境，学生活动则通过丰富多彩的形式激发了学生的兴趣和参与热情。两者的有机结合能够显著增强高校的吸引力，使学生在一个充满活力的校园环境中成长。通过合理配置和协同管理，可以最大化地发挥福利和学生活动支出的作用，促进学生的全面发展和校园文化的繁荣。

二、高校支出结构的优化原则

（一）保障教学科研的核心需求

保障教学科研的核心需求在新时期尤为重要。高校必须优先确保教育教学支出满足课程开发和教学资源的需求，以提升教学质量和学生学习体验。课程开发是高校教育的核心环节，直接关系学生的学习效果和教师的教育质量。因此，必须保证充足的资金投入用于课程设计和教学设施的完善，确保学生在学习过程中能够获得最佳的教育资源和环境。同时，合理配置科研资金也是高校支出结构优化的重要原则之一。高校应优先支持高潜力科研项目，确保科研活动的持续性和创新性。在科研资金的分配上，高校应注重项目的潜力和创新性，确保有限的资源能够产生最大的科研效益。通过合理的资金配置，高校不仅能推动科研的进步，还能吸引更多优秀的科研人才，提升高校的学术声誉。

在确保教学和科研核心需求的同时，高校还需建立有效的预算审核机制，以保证行政管理支出不会影响教学和科研的核心需求。预算审核机制的建立旨在提升资源使用效率，避免浪费。高校应通过严格的预算审核机制，确保每一笔支出都能为教学和科研服务，避免因行政管理的过度支出而影响核心教育任务的完成。通过科学的预算管理，高校可以在有限的资源条件下，实现教学和科研的最大化发展。此外，高校还应通过定期评估和反馈机制，及时调整支出结构，确保教学和科研的核心需求始终得到满足。定期的评估和反馈不仅能帮助高校及时了解支出结构的合理性，还能为未来的资金配置提供科学依据，确保高校在快速变化的教育环境中始终保持竞争力。

（二）促进资源高效配置

在新时期高校财务管理中，促进资源的高效配置是优化支出结构的核心原则之一。高校需要建立科学的预算编制机制，以确保各项支出紧密围绕高校的战略目标和实际需求。这不仅有助于避免盲目扩张和不必要的支出，还能使有限的资源得到最大限度的利用。预算编制的科学性要求财务部门与各职能部门密切协作，充分了解和评估不同项目的优先级和潜在影响，从而制订出切实可行的财务计划。这一过程需要综合考虑国内外高校在预算编制方面的先进经验，并结合高校实际情况进行调整与创新。

推动信息化建设是提高高校支出管理效率的另一种重要手段。借助现代数据分析工具，管理者可以实时监控支出情况，及时发现问题并作出调整。这种数据驱动的管理方式不仅提高了决策的效率，也提升了资源配置的准确性。通过对历史数据的分析，高校可以识别出支出模式中的潜在问题，并在未来的财务规划中加以改进。此外，信息化工具还有助于高校在资源分配上实现更高的透明度和公正性，从而增加各方对财务管理的信任和支持。

实施绩效评估制度是确保资源投入与产出合理匹配的关键措施。高校需要定期对各类支出进行效果评估，以确保每一笔投入都能带来预期的产出。这不仅涉及对财务数据的分析，还包括对教学、科研等核心业务的评估。通过建立科学的评估体系，高校可以更加客观地衡量支出效果，并据此调整资源配置策略。绩效评估的结果还可以为未来的预算编制提供重要的参考依据，帮助高校在资源分配上作出更加明智的决策。

鼓励跨部门协作是提升整体资源使用效率和效益的重要途径。在高校内部，不同职能部门之间的信息共享与资源整合可以带来显著的协同效应。通过建立有效的沟通机制，各部门可以在资源使用上形成合力，避免重复建设和资源浪费。此外，跨部门协作还可以促进创新思维的碰撞，为高校的发展注入新的活力。通过这种方式，高校不仅能够更好地实现资源的高效配置，还能在激烈的教育市场竞争中保持自身的优势地位。

（三）适应高校发展战略

适应高校发展战略是优化高校支出结构的核心原则之一。确保高校财务支出与高校长远发展目标相一致，不仅是财务管理的要求，也是高校实现可持续发展的基础。为此，高校需要定期评估和调整支出策略，以支持战略性学科和项目的优先发展。这一过程需要综合考虑高校的使命、愿景以及外部环境的变化，通过科学的评估机制，识别出最能推动高校整体发展的学科和项目，并优先配置资源，以保证这些领域的长足发展和持续创新。

1. 提升对市场需求和社会发展的敏感性

随着科技的进步和社会的快速发展，高校必须动态调整其支出结构，以适应新兴领域和技术的快速变化。这不仅有助于提升高校的竞争力，还有助于培养更具市场竞争力的人才。通过对市场趋势的敏锐把握，高校可以在支出决策中更好地反映社会需求，确保其教育产品和服务能够满足社会发展的需要，从而在激烈的教育市场中占据有利位置。

2. 推动跨学科合作与资源共享

高校通过鼓励多学科交叉研究和创新项目，可以有效地整合内部资源，避免重复投资和资源浪费。这不仅提升了高校的整体科研能力，还促进了不同学科之间的协同创新。通过优化支出结构，高校可以在资源有限的情况下，最大限度地发挥其科研和教学潜力，支持高水平的学术研究和创新活动，进而提高其在国内外学术界的影响力和竞争力。

3. 建立与行业和社会需求紧密结合的财政支出机制

高校应与行业和社会各界建立紧密的联系，了解用人单位对人才的具体需求，并据此调整教学和科研投入。这种机制不仅能够提升毕业生的就业竞争力，还能为高校赢得良好的社会声誉和支持。通过合理的支出结构，高校可以在培养高素质人才的同时，实现自身的长远发展，进而为社会的发展贡献力量。

三、高校支出结构调整策略

（一）压缩非必要行政开支

在新时期高校财务管理中，压缩非必要行政开支是优化支出结构的重要策略之一。高校需对各类行政支出进行全面评估，以确定哪些支出可以被削减或取消，从而提高整体资源使用效率。通过对行政支出必要性的评估，高校可以明确哪些开支是必不可少的，哪些则可以通过合理调整来节省资金。例如，高校可以审查各部门的预算申请，分析其与高校整体战略目标的契合度，以此为基础作出合理的调整决策。这不仅能够优化资源配置，还能为学术和教学活动腾出更多的资金支持。

建立定期审查机制是确保行政开支与实际需求相符的关键步骤。高校需要设计系统的监控和评估机制，定期对行政支出进行审查和分析，以便及时发现不必要的开支，并进行相应调整。这一机制不仅需要财务部门的参与，也需要各行政部门的配合，通过数据分析和绩效评估，确保每一笔开支都能为高校的发展带来实际效益。此外，定期的审查机制还可以帮助高校适应外部环境的变化，及时调整支出策略，以应对可能出现的财务挑战。

推动行政流程的数字化和自动化是降低行政开支的有效手段。通过采用先进的信息技术，高校可以减少人工操作和不必要的会议，从而提高行政工作的效率。例如，电子化的审批流程可以减少纸质文件的流转和存档需求，在线会议系统则可以减少出差和召开会议的频率。这些措施不仅能够节省时间和人力成本，还能显著降低行政开支。此外，数字化和自动化的推进还可以提高数据的透明度和可追溯性，进一步加强对行政支出的控制和管理。

在压缩非必要行政开支的过程中，鼓励各部门提出节约方案和建议是促进全校范围内节约意识形成的重要手段。高校可以通过设立奖励机制，鼓励各部门在日常运营中积极探索资源节约的方法，并提出可行的建议。通过这种方式，高校不仅能够实现资源的合理配置和使用，还能培养全校师生的节约意识和责任感。各部门之间的经验分享和交流也有助于形成良好的节约氛围，从而推动高校整体财务管理水平的提升。

（二）加大对重点学科的投入

加大对重点学科的投入是高校支出结构调整中的重要策略之一。这要求高校明确重点学科的战略定位，围绕高校的长远发展目标，优先保障这些学科的资金需求，以提升其在学术研究和人才培养中的核心竞争力。重点学科的建设需要与高校整体发展战略紧密结合，通过资源的合理配置，确保其在学术界的领先地位。特别是在新时期，随着科技的迅猛发展，高校需要将有限的资源，选择性地投入，以推动学科的创新与突破。

通过设立专项资金和奖学金，可以有效吸引优秀师资和高水平科研团队加入重点学科，进而提升学科的整体水平和影响力。专项资金的设立不仅能为学科提供稳定的研究经费支持，还能为科研人员提供良好的研究环境和条件，激发其创新潜力。此外，奖学金的设立也能吸引优秀学生报考相关学科，为学科的长远发展储备人才。这种投入策略不仅能提高高校学科的学术水平，还能增强其在国际学术界的影响力。

（三）优化科研经费使用结构

在新时期高校财务管理中，优化科研经费使用结构是提高科研效率和创新能力的重要举措。科研经费作为推动高校科研活动的关键资源，其使用结构直接影响科研项目的质量和产出。建立科研经费使用的优先级评估机制是优化使用结构的基础。通过科学合理的评估，确保资金优先支持具有创新潜力和社会需求的科研项目，不仅能够提高科研成果的社会价值，还能提升高校的学术影响力。评估机制应综合考虑项目的创新性、可行性及其对社会经济发展的贡献，确保资源配置的科学性和有效性。

科研经费使用的透明化管理是提升资金使用效率的关键。通过定期公开经费使用情况，不仅可以增强科研团队的责任感，还能有效防止资金的不当使用。这种透明化的管理方式有助于建立科研团队与管理部门之间的信任关系，促进良性互动。同时，公开的经费使用情况也为社会监督提供了基础，使科研活动更加公开、公正。透明化管理需要完善的信息披露制度和技术支持，以确保信息的准确性和及时性，并推动高校科研管理的现代化。

灵活使用科研经费能够提高科研活动的适应性。在科研活动中，项目进展和市场环境常常发生变化，灵活调整经费分配有助于科研团队及时应对这些变化。允许科研团队根据实际需求调整经费使用，可以在一定程度上激发科研人员的创新活力，提升科研项目的成功率。灵活使用经费的政策需要建立在严格的审核和监管基础上，以防止经费滥用，从而保障科研活动的可持续发展和创新成果的稳步产出。

加强对科研经费使用效果的定期评估，是确保资源投入与科研产出合理匹配的重要手段。通过对科研经费使用效果的评估，能够及时发现资金使用中存在的问题，并根据评估结果调整后续资金分配策略。这种动态调整机制不仅有助于提高科研经费的使用效率，还能促进科研项目的高质量发展。评估工作需要基于科学的评估指标和方法，涵盖项目的科研产出、经济效益和社会影响等多方面，以全面反映科研经费的使用效果，为高校科研管理提供有力支持。

（四）提升校园设施使用效率

在高校财务管理中，提升校园设施使用效率是优化支出结构的重要策略之一。高校在资源配置方面面临着诸多挑战，尤其是如何在有限的预算内最大化设施使用效率。建立校园设施使用的智能管理系统是解决这一问题的关键。通过数据分析，实时监控各类设施的使用情况，不仅可以识别资源的使用高峰和低谷，还能够优化资源配置，避免浪费。智能管理系统的实施有助于提升设施使用效率，使得高校在资源有限的情况下，能够更好地满足师生的教学和科研需求。

为进一步提高校园设施的使用效率，制定设施使用的预约制度是必不可少的措施。通过合理安排教室、实验室等公共资源的使用时间，可以有效避免资源闲置，提高利用率。预约制度的实施需要考虑不同学科和部门的实际需求，确保资源分配的公平性和合理性。通过科学的预约制度，高校可以在不增加额外设施投入的情况下，实现资源的高效利用。这不仅有助于降低运营成本，还能提升整体教学和科研环境的质量。

定期进行设施使用效果评估是确保校园设施始终满足师生实际需求的重要手段。通过收集使用反馈和分析需求变化，高校可以及时调整设施配置，确保资源的适配性和灵活性。这一过程有助于识别设施使用中的瓶颈和不足，从而为未来的资源配置提供科学依据。同时，推动跨学科和跨部门的合作使用，鼓励不同学科和部门共享设施资源，可以进一步提升校园设施的综合使用效率和经济效益。跨学科和跨部门合作不仅能够节约资源，还能促进学科间的交流与合作，形成良好的学术氛围。

（五）合理规划学生活动与福利支出

合理规划学生活动与福利支出是高校财务管理的一个关键环节。在制定学生活动预算时，必须优先考虑活动的教育价值和学生参与度。教育价值不仅是活动的核心目标，还能提升学生的综合素质。因此，活动设计应以学生的实际需求为导向，确保每一笔支出都能有效促进学生的全面发展。学生参与度高的活动往往能激发其学习热情和集体荣誉感，使得支出更具实际意义和长远价值。这种以学生为中心的规划策略，不仅能优化资源配置，还能增强活动的吸引力和影响力。

建立学生活动的评估机制是优化支出结构的另一项重要策略。通过定期收集学生反馈，管理层可以深入分析活动效果，识别出哪些项目能够真正满足学生需求，哪些活动需要改进。评估机制的存在不仅能帮助高校更好地理解学生的兴趣和期望，还能为未来活动的规划提供数据支持。通过科学的评估，高校能够合理调整资金分配，确保有限的资源投入最具效益的项目中，从而实现支出的精准化和合理化。

通过与学生组织和社团合作，高校可以有效推动资源共享，降低学生活动的整体成本。这种合作模式不仅能提高资金使用的效率，还能丰富活动的内容和形式。学生组织和社团通常拥有丰富的资源和经验，能够为活动提供多样化的支持。通过资源共享，高校和学生组织可以共同策划和执行活动，减少重复投入，实现双赢。此外，这种合作还可以提高学生的组织能力和团队协作精神，为他们提供更多的实践机会。

引入多元化的资金支持渠道是提升学生活动和福利支出可持续性与灵活性的有效途径。校友捐赠和社会赞助是重要的资金来源，能够为学生活动提供额外的财务支持。通过积极拓展这些渠道，高校可以缓解财政压力，增加活动的多样性和创新性。多元化的资金支持不仅能增强活动的经济基础，还能促进高校与社会各界的联系，为学生创造更多的学习和成长机会。这种灵活的资金管理策略，有助于高校在新时期的财务管理中取得更大的突破。

四、高校支出结构调整的实施路径

（一）制订详细支出调整计划

在新时期高校财务管理中，制订详细的支出调整计划是优化支出结构的关键步骤。计划的制订需要明确支出调整的目标与原则，以确保优化方向和期望效果与高校的发展战略和实际需求相一致。目标的设定应考虑高校的长远发展和短期需求，确保支出结构的调整能够支持教学科研、基础设施建设以及师资队伍的建设等核心领域。同时，支出调整计划的原则应体现资源的合理配置和效率的提升，避免浪费和重复投入。

为了确保支出调整计划的科学性和可行性，建立多方参与的支出调整机制是必不可少的。各部门和利益相关方的参与能够提供多元化的视角和专业意见，从而使计划更具包容性和可操作性。通过召开专题会议、设立专门的工作小组等方式，各方可以充分表达诉求和反馈意见，确保调整计划的制订过程透明、公正。此外，多方参与还可以增强各部门对计划执行的认同感和责任感，提高执行效率。

在实施支出调整计划的过程中，设定具体的时间表和里程碑是确保计划顺利推进的重要手段。通过分阶段实施，管理者可以更好地监控进展，及时识别和解决问题，以便灵活调整策略。时间表的设定应结合高校的学年周期和财政年度，确保调整措施与日常运营的协调。同时，里程碑的设置能够为各阶段的工作提供明确的目标和方向，激励团队成员的积极性和创造力。

（二）分阶段逐步实施调整

在新时期高校财务管理中，分阶段逐步实施支出结构调整是实现资源优化配置的关键策略。高校在进行支出调整时，首先需要明确各阶段的重点领域，针对不同的支出类别设定优先级。通过这种方式，高校能够在资源有限的情况下，确保资金流向最需要的领域，从而提高整体资源的利用效率。分阶段调整不仅可以降低一次性大规模调整带来的风险，还能通过逐步优化的方式，适应不断变化的外部环境和内部需求。

为了确保调整的有效性，高校必须制定具体的实施步骤和责任分配。这意味着在调整过程中，每个部门和相关人员都需明确自己的角色与任务。通过明确的责任划分，能够有效避免因职责不清导致的资源浪费和效率低下。此外，制定详细的实施步骤有助于各部门协调一致，形成合力，共同推进调整进程。责任分配的清晰化也为后续的监测和评估提供了基础，确保每一个环节都在预期的轨道上。

建立监测和评估机制是分阶段调整的重要环节。通过定期检查调整效果，高校能够及时获取反馈信息，并根据实际情况进行调整和优化。这种动态监测机制不仅能够识别出调整过程中存在的问题，还能为后续决策提供数据支持。评估机制的有效性直接关系调整方案的成功与否，因此高校需要投入足够的资源和精力，确保监测与评估的科学性和准确性。

设定阶段性目标是确保调整过程有序进行的重要手段。每个阶段的目标应具备明确的成果导向，以促进持续改进和资源利用效率的提升。这些目标不仅是调整过程的指引，还能作为评估调整效果的标准。通过设定阶段性目标，高校能够在调整过程中保持清晰的方向感，并激励各部门在实现目标的过程中不断创新和优化，从而为高校的可持续发展奠定坚实的基础。

（三）加强与各部门的沟通协调

在高校支出结构调整的过程中，加强与各部门的沟通协调是确保调整顺利推进的关键环节。

1. 建立定期沟通机制

定期沟通机制能够确保各部门之间的信息及时共享，从而促进对支出结构调整的理解与支持。通过定期的沟通，各部门能够在第一时间了解财务状况及调整策略，避免信息不对称导致的误解和执行偏差。此外，沟通机制还可以作为反馈平台，收集各部门在支出调整过程中遇到的问题和建议，为决策层提供参考。这种信息的双向流动不仅提高了各部门的参与感，也为支出结构的优化提供了更为全面的数据支持。

2. 设立跨部门协调小组

跨部门协调小组的职责在于统筹各项支出计划的执行，确保资源配置的合理性与有效性。通过跨部门的合作，该小组能够综合考虑各部门的需求和整体财务状况，制订出更为科学的支出计划。协调小组的工作不仅在于计划的制订，更在于计划执行过程中的监督与调整。通过定期的评估与反馈，协调小组能够及时发现并解决执行中遇到的问题，确保调整策略的有效落实。此外，跨部门的合作也有助于打破部门壁垒，促进资源的共享与优化配置。

3. 组织定期培训与交流活动

通过培训，各部门能够深入了解财务管理政策的背景和目的，增强对支出调整策略的认同和执行力。交流活动则为各部门提供了一个分享经验和最佳实践的平台，促进彼此之间的学习与借鉴。通过这种方式，各部门能够更好地理解支出调整的整体目标，提升执行效果。同时，定期的培训与交流也有助于各部门及时更新知识，适应不断变化的财务管理环境，为高校支出结构的持续优化提供智力支持。

第二节　高校支出控制的严格性与有效性分析

一、高校支出控制的重要性

（一）确保资金安全与使用合规

高校作为教育资源的集中地，其资金管理的安全性与合规性直接影响高校的正常运作和发展。确保资金安全与使用合规是高校支出控制的核心任务之一。

1. 建立健全的资金使用审批制度

建立健全的资金使用审批制度，能够有效防止资金的滥用。这一制度要求每笔支出都必须经过严格的审核流程，从而保证资金的合理分配和使用。此外，透明化管理也是实现资金合规使用的重要手段。通过定期公开财务报告，高校可以让全体师生了解资金的流向和使用情况，从而增强监督意识，形成全员参与的监督机制。

2. 实施定期的财务审计

通过审计，可以及时发现和纠正资金使用中的问题，保障资金使用的合规性和有效性。这不仅有助于提高高校财务管理的透明度，还能增强外部对高校财务管理的信任。同时，加强对财务管理人员的培训，提升其对财务法规和合规要求的认知，也至关重要。只有具备专业知识和技能的财务人员，才能在资金使用过程中保持高水平的专业性和合规性。

3. 建立风险评估机制，对各类支出进行风险分析

通过风险评估，高校能够在资金使用过程中及时识别和控制潜在风险，确保资金的安全性和使用的有效性。这种机制不仅有助于高校在资金使用上保持谨慎，还能为其财务规划提供科学依据。高校在新时期面临的财务管理挑战，需要通过不断完善的支出控制机制来应对，以确保教育资源的合理配置和使用

效率的提升。

（二）提高资金使用效率与效益

在高校支出管理中，提高资金使用效率与效益是确保教育资源得到最大化利用的关键。建立科学的预算编制机制，能够确保资金分配与高校的战略目标相一致，是避免资源浪费的重要手段。科学的预算编制要求各部门在预算申请时，明确其与高校整体发展目标的关联性，并在预算执行过程中，结合实际需求进行动态调整。通过这一机制，高校可以在资源有限的情况下，最大限度地支持教学和科研活动的开展。

推动资金使用的绩效评估制度，是提升资金使用效率与效益的重要措施。高校应定期对各类支出的效果进行分析，以便及时识别资金使用中存在的问题。这一制度的实施，不仅能够帮助高校优化资源配置，还能为预算编制提供数据支持。通过绩效评估，高校管理层可以更清晰地了解哪些项目能够产生更高的效益，从而在资源分配时，优先考虑这些高效益的项目，进一步提高资金的使用效率。

在资金使用的过程中，强化对资金使用的实时监控，通过信息化手段进行预算调整，是确保资金使用灵活性与适应性的重要策略。信息化手段的应用，使得高校能够实时掌握资金流动情况，并根据实际需求进行快速响应与调整。这不仅提高了资金使用的透明度，也增强了资金管理的灵活性，确保在应对突发情况时，能够迅速调整资金配置，从而有效支持高校的各项活动。

鼓励各部门实施节约措施，形成全校范围内的节约文化，是提高资源整体使用效率的有效途径。通过树立节约意识，各部门在日常管理中会更加注重成本控制，减少开支。这种文化的形成，需要高校管理层的引导和支持，通过制定相关政策和激励机制，鼓励全校师生共同参与节约行动，从而在全校范围内形成良好的资源使用氛围。

推广跨部门协作，促进资源共享与整合，是提升整体资金使用效益与效率的有效方式。通过跨部门的合作，高校能够更好地整合内部资源，减少资源浪费。例如，实验室设备、图书资料等资源的共享，不仅可以降低各部门的独立采购成本，还能提高设备和资源的利用率。通过跨部门协作机制，高校能够在有限的资金条件下，最大限度地发挥资源的作用，提升整体资金使用的效益与效率。

二、高校支出控制的严格性策略

（一）完善支出控制制度体系

在新时期高校财务管理中，支出控制制度的完善性直接关系资源的有效配置与使用。高校应建立全面的预算审批流程，确保所有支出在执行前都经过严格的审核与批准。这样的流程不仅有助于防止资源浪费，还能在很大程度上提高资金使用的透明度和合规性。通过系统化的预算审批，高校管理者能够对资金流向进行有效监控，从而降低财务风险。此外，动态预算管理机制的引入也是必要的。高校需要根据实际需求和外部环境的变化，及时调整预算分配。这种灵活的预算管理方式可以提高资金使用的适应性，使高校在面对突发情况时能够迅速作出反应，保障教学和科研活动的顺利进行。

为了确保支出控制的有效性，设立定期的财务审计制度是不可或缺的一环。通过独立审计机构对资金使用情况进行评估，可以进一步提高财务透明度，确保资金使用的合规性。审计不仅是对财务数据的核查，更是对财务管理过程的监督。通过审计，管理层能够及时识别和纠正潜在问题，避免财务管理不善导致的资源浪费和经济损失。此外，实施绩效评估体系也是提升支出管理水平的重要手段。通过对各类支出的效果进行量化分析，高校可以更好地评估资源配置的合理性和资金使用的效率。这种评估不仅帮助管理者了解资金使用的实际效果，也为未来的预算编制提供了科学依据。

强化财务管理人员的培训与专业发展是支出控制制度有效落实的基础。高校应注重提升财务管理人员对财务管理制度和工具的理解与运用能力。通过系统的培训和持续的专业发展，财务人员能够更加熟练地运用现代财务管理工具和技术，从而提高支出控制的精确性和有效性。高校还应鼓励财务人员参与国内外的财务管理交流与学习，借鉴先进的管理经验和实践案例，以不断优化支出控制策略。只有财务管理人员的专业素养不断提升，才能确保支出控制制度的严格执行，为高校的可持续发展提供坚实的财务保障。

（二）强化支出审批与审核流程

在高校财务管理中，强化支出审批与审核流程是确保财务纪律的重要环节。建立多层次的审批机制是实现这一目标的关键。针对不同金额和类型的支出设定对应的审批级别，可以有效地增强审批的严谨性和有效性。这种机制不仅有助于防范财务风险，还能确保各项支出得到充分的审查和合理的分配。多层次审批机制的实施需要结合高校的具体情况，合理划分审批权限，以确保各级管理者能够在其职责范围内作出合适的决策。

为了进一步提高支出控制的有效性，实施预算执行前的预审程序尤为重要。预审程序的核心在于确保每项支出都符合既定的预算计划，从而防止超预算支出和不必要的开支。通过预审，财务部门能够提前识别潜在的财务问题，及时进行调整和控制。这一过程不仅可以提高预算执行的准确性，还能增强财务透明度和管理的前瞻性。有效的预审程序需要各部门的密切协作和信息共享，以确保预算的合理使用和资源的有效配置。

在现代信息技术的支持下，引入电子审批系统成为提高审批效率和透明度的有效手段。电子审批系统允许支出申请进行在线提交和审核，显著减少了传统纸质审批流程中的人为错误和延误。通过这一系统，审批过程可以实现实时跟踪和记录，管理者能够及时获取审批状态和相关数据，从而作出快速而准确的决策。此外，电子审批系统还可以根据不同的审批需求进行个性化设置，以适应高校不同部门和项目的具体要求。

为了确保审批流程的持续改进，定期对审批流程进行评估和优化是必要的。通过收集和分析实际操作中的反馈信息，管理者可以识别流程中的瓶颈和不足，并进行相应的调整。这一过程不仅有助于提高审批流程的灵活性和适应性，还能提高整个财务管理体系的响应能力。评估和优化工作需要结合高校的战略目标和发展方向，以确保审批流程能够有效支持高校的整体发展。

（三）加强支出监控与信息化建设

在高校支出管理中，加强支出监控与信息化建设是提升财务管理水平的重要举措。

建立实时监控系统，通过先进的数据分析工具对各类支出项目的执行情况进行全面监测，可以有效确保资金使用的透明性和合规性。这一过程不仅需要技术的支持，还需要管理者对数据敏锐洞察，以便在复杂的财务环境中作出明智的决策。通过精准的数据分析，管理者能够及时发现潜在的财务风险和异常情况，从而采取有效措施进行纠正和预防。

实施预算执行跟踪机制是确保高校支出管理严格性的重要手段。通过定期生成财务报告，分析各项支出的使用效率，可以帮助管理层了解资金的具体流向和使用效果。这不仅能够提高财务透明度，还能促进资源的合理配置。及时发现并纠正异常情况，有助于防止资金不当使用，从而保障高校的财务健康和可持续发展。预算执行跟踪机制的成功实施，需要各部门的密切配合和积极参与。

推进信息化建设，是提升高校财务管理现代化水平的关键。利用云计算和大数据技术，实现财务数据的集中管理与分析，能够显著提高决策效率。通过信息化手段，财务管理者可以在海量数据中快速提取关键信息，为决策提供有力支持。信息化建设不仅提高了数据处理的效率和准确性，也为高校财务管理的创新提供了广阔的空间。信息化建设的推进，也需要在技术投入和人员培训方面给予足够的重视。

引入智能化财务管理软件，实现支出申请、审批与报销流程的自动化处理，是降低人工操作风险的重要措施。通过智能化手段，可以显著提升工作效率，减少人为因素对财务管理的影响。智能化财务管理软件的应用，不仅简化了烦琐的财务流程，还提高了数据处理的准确性和一致性。此外，智能化软件的引入，还能为高校财务管理提供更为精准的分析和预测能力，为决策者提供科学依据。

建立反馈机制，通过定期收集各部门对支出监控系统的使用体验与建议，可以持续优化信息化管理工具的功能与适应性。反馈机制的建立，有助于及时发现信息化系统在实际应用中的不足，并进行针对性的改进。这一过程不仅提高了用户体验，也增强了各部门对信息化管理工具的接受度和使用积极性。通过持续的优化和改进，高校可以逐步建立起一个高效、透明、可持续的财务管理体系。

三、高校支出控制的有效性评估

（一）设定明确的支出控制目标

设定明确的支出控制目标是高校财务管理中至关重要的一环。高校在制定支出控制目标时，首先需要明确具体的指标，如预算执行率和资金使用效率等。这些指标不仅是量化评估支出控制成效的基础，也为管理层提供了清晰的方向和参考标准。在新时期的高校财务管理中，预算执行率是衡量资金使用是否合理的重要参数，资金使用效率则侧重于评估资金投入与产出的比例。通过合理设定控制指标，高校能够更好地实现资源的优化配置，提升整体管理水平。

在支出控制过程中，设定明确的时间节点同样不可或缺。高校需确保在特定时间内完成预算审核和资金分配的调整，以避免因时间拖延导致的资金使用不当。这不仅有助于提高财务管理的效率，还能确保各项支出活动的有序进行。通过合理设定时间节点，高校能够及时发现预算执行中的偏差，并迅速采取相应措施进行调整，从而保障财务资源的有效利用。

针对不同支出类型制定控制目标也是提升管理成效的关键。高校的支出类型主要包括教学、科研和行政支出。每一种支出类型都有其特定的管理需求和控制重点。因此，制定针对性的控制目标能够帮助高校在资源分配上更加精准，避免资源浪费。例如，教学支出应注重教学质量的提升，科研支出则需关注研究成果的产出效率和创新性。

另外，明确责任分工是实现高校支出控制目标的基础。各部门需对支出控制目标有清晰的理解，并在实际操作中严格执行。通过明确的责任分工，高校能够提升整体管理效率，确保各项支出活动顺利进行。合理的责任分工不仅能够提高各部门的工作积极性，还能增强其对财务管理的参与感和责任感，从而为高校的可持续发展奠定坚实的基础。

（二）制定科学的评估指标体系

在高校支出管理中，制定科学的评估指标体系是确保支出控制有效性的重要手段。完善的评估指标体系能够帮助高校管理层准确地掌握资金使用的状况，从而为决策提供有力支持。设定预算执行率指标是评估资金使用有效性的重要组成部分。通过监测实际支出与预算的契合程度，高校可以及时发现预算执行过程中的偏差，从而采取相应措施进行调整。这不仅有助于提高资金使用的透明度，还能增大对预算执行过程的控制力度。

制定资金使用效率指标是评估资源配置合理性的重要方式。高校在支出过程中，需要通过分析每项支出所带来的实际成果来评估其效率。例如，教学设备的购置是否提高了教学质量，科研经费的投入是否促进了科研成果的产出等。这些指标可以帮助高校在资源有限的情况下，最大限度地发挥资金的使用效益，确保每一笔支出都能为高校的发展带来实质性的贡献。

在支出管理中，建立支出合规性指标同样至关重要。合规性指标的设定旨在确保所有支出均经过合法审批流程，防止违规行为的发生。这不仅是对高校财务管理的基本要求，也是维护高校声誉的重要保障。通过严格的合规性审查，高校可以有效规避财务风险，确保资金使用的合法性和合规性，为高校的可持续发展提供坚实的基础。

绩效评估指标的设定，则是为了依据各类支出的实际效果和贡献，评估资源使用的绩效水平。通过对不同支出项目的效果进行量化分析，高校可以识别出哪些项目对其发展目标贡献最大，从而优化资源配置策略。这种基于绩效的评估方法，有助于高校在激烈的教育市场环境中提升自身的竞争力，确保有限资源的最佳利用。

建立反馈与改进指标是持续优化支出管理流程和策略的关键。通过收集各部门对支出控制的意见，高校能够及时发现管理中的不足，并进行针对性的改进。反馈机制不仅能提高管理的透明度和参与度，还能促进各部门之间的协作与沟通，形成良好的支出管理文化。通过不断的反馈与改进，高校可以逐步完善其支出管理体系，实现管理水平的持续提升。

（三）采用多样化的评估方法

在新时期高校财务管理中，支出控制的有效性评估至关重要。采用多样化的评估方法能够全面提升支出管理的科学性与合理性。

定量分析法在高校支出控制中扮演着基础性角色。通过数据统计与指标计算，管理者可以评估各类支出在预算执行中的效果与效率。这种方法不仅能够量化支出对高校财务健康的影响，还能为未来的财务决策提供科学依据。定量分析法的运用有助于确保财务决策的科学性，使得高校在资源配置中能够做到精细化管理，从而提高整体财务管理水平。

在定量分析之外，定性评估同样不可或缺。通过专家访谈和问卷调查，管理者能够收集到各部门对支出控制的反馈与建议。定性评估法的优势在于其能够弥补定量数据的不足，提供更为全面的评估视角。高校不同部门可能会有各自独特的支出需求和管理挑战，因此通过定性评估法可以更好地理解这些差异，并制定更具针对性的支出控制策略。这种评估方法不仅提升了评估的全面性，还为高校财务管理提供了更为灵活的调整空间。

对比分析是另一种重要的评估方式，通过将高校内部不同部门或相似高校之间的支出控制效果进行对比，管理者能够识别出最佳实践与潜在改进空间。对比分析法的应用可以揭示出哪些部门在支出控制方面表现优异，以及哪些高校在资源利用上效率更高。这种方法不仅有助于高校内部实现资源的优化配置，还能通过与其他高校的对比，学习借鉴先进的管理经验和方法，进而推动整体财务管理水平的提升。

第三节　高校支出效益的评估与改进机制

一、高校支出效益评估的指标体系

（一）经济效益指标

经济效益指标是衡量高校支出效益的重要工具之一。该指标不仅关注支出的数额，还注重支出对教育成果的直接影响。通过分析各类支出对高校教育成果的影响，例如毕业生就业率和学术成果数量的提升，可以更好地分析支出效益。

毕业生就业率是衡量教育成果的重要指标，反映了高校在培养学生职业能力方面的成功程度。学术成果的数量则体现了高校在科研和学术发展方面的成就。因此，经济效益指标在评估高校支出效益时，提供了一个综合的视角，有助于高校管理者作出更为明智的财务决策。

支出在提升教学设施和科研设备上的投资回报率，是评估高校支出效益的另一个重要方面。通过对教学设施和科研设备的投资回报率进行评估，可以判断这些投资在多大程度上促进了教育质量和科研能力的提升。教学设施的现代化和科研设备的先进性直接影响教学效果和科研水平。高回报率的投资能够显著提升高校的竞争力，吸引更多优秀的学生和教师。因此，关注这些投资的回报率，不仅有助于提高教育和科研的质量，还能优化教学资源配置，提升高校的整体效益。

行政与管理支出反映了高校运营成本的控制效果，也是经济效益评估的重要组成部分。通过分析行政与管理支出对高校运营成本的影响，可以了解这些支出对整体财务健康的贡献。有效地管理该项支出能够帮助高校在控制运营成本的同时，提升管理效率和服务质量。这种支出效益的分析，对高校的长期可持续发展具有重要意义。通过优化行政与管理支出，高校可以在有限的资源条件下，实现更高的运营效率和良好的财务健康水平。

通过学生满意度调查评估学生活动和福利支出的经济效益，是确保资金使用能够有效提升学生校园体验的重要手段。学生满意度是衡量学生活动和福利支出效果的直接指标。高校通过调查，可以了解学生对各类活动和福利的真实需求和反馈，从而调整支出策略，提高资金使用的有效性。高水平的学生满意度不仅提升了学生的校园体验，也增强了高校的吸引力和声誉。因此，在评估经济效益时，学生满意度是一个重要的参考依据。

（二）社会效益指标

社会效益指标在高校支出效益评估中扮演着重要角色。高校不仅是知识的传播者，更是社会发展的驱动力之一。通过评估高校支出对社会服务的贡献，可以更好地理解教育项目和社会合作对地方经济和社区发展的积极影响。高校的教育项目往往与地方经济发展紧密相连，高校通过产学研结合的方式，可积极参与地方经济建设。高校不仅通过与地方政府和企业的合作，为社会输送了大量的人才，还通过科研项目和技术转让，直接促进了地方经济的增长。社会效益指标的设立，有助于全面了解高校在社会服务中的多重角色和贡献。

在高校教育中，培养学生的社会责任感是不可忽视的任务。通过资助和支持学生参与社会实践活动，高校能够有效提升学生对社会问题的认知和问题解决能力。这种社会效益不仅体现在学生个体的发展上，更在于他们未来对社会的贡献上。高校通过多种形式的社会实践活动，如志愿服务、社区项目、公益活动等，帮助学生在实践中锻炼解决问题的能力和培养团队合作精神。这些活动不仅丰富了学生的校园生活，也为社会培养了具有高度社会责任感的优秀人才，从而在更广泛的层面上实现社会效益。

高校在推动科技创新和知识转化方面的作用同样不可小觑。分析科研支出如何促进技术成果的应用和社会效益的实现，是评估高校支出效益的关键环节。高校通过科研经费的合理配置，支持各类创新项目，推动技术的研发和应用。科研成果的转化，不仅为高校带来了经济收益，更重要的是为社会创造了价值。科技创新的成果被应用于各行各业，既提高了生产效率和生活质量，也推动了社会的进步与发展。因此，科研支出的社会效益评估，是衡量高校支出效益的重要维度。

提升高校在社会文化建设中的影响力，是评估社会效益指标的另一个重要方面。高校通过举办各类文化活动和学生活动，积极参与社会文化建设。这些活动不仅丰富了校园文化生活，也对社会文化建设产生了积极的推动作用。通过评估文化活动和学生活动的社会参与度，可以更好地理解高校在社会文化领域的影响力。这些活动促进了不同文化的交流与融合，增强了社会的文化多样性。高校作为文化传播的重要阵地，其在社会文化建设中彰显的积极作用，进一步凸显了高校支出管理中社会效益指标的重要性。

（三）管理效益指标

管理效益指标在高校支出效益评估中同样扮演着关键角色，它不仅反映了管理支出的合理性，还直接影响高校决策效率。在资源配置中，各类支出需被精确评估，以优化其作用，确保决策过程更加科学和高效。高校面临的挑战在于如何通过管理效益指标，提升决策的精准性和执行力，使每一笔支出都能在有限的资源下发挥出最大效益。科学的管理效益指标体系，有助于高校在复杂的经济环境中保持决策的敏捷性和前瞻性。

在内部管理流程方面，各类支出对其影响不容忽视。合理的支出管理能够显著提升高校的整体运营效率，减少不必要的行政成本。通过详细分析支出对流程的影响，高校可以识别出哪些环节存在资源浪费现象，并采取相应措施加以改进。有效的支出管理不仅能优化内部流程，还能提高管理透明度和责任感，进而提高高校的行政效率和服务质量。这种精细化的管理使高校在资源有限的情况下，能够最大化地实现其战略目标。

支出管理在人才培养方面的支持作用至关重要。通过评估资金投入，高校可以促进师资队伍建设和学生能力提升，确保教育质量的持续改进。合理的资金分配能够吸引和留住优秀的教师，提高其教学水平和科研能力。此外，充足的教育资源也为学生提供了更好的学习环境和发展机会，增强其综合素质和竞争力。支出管理的优化不仅是对教育资源的合理利用，更是对高校未来发展的战略投资。

支出管理对高校品牌形象的塑造也具有重要影响。分析资金使用如何增强高校的社会认可度和影响力，是提升整体竞争力的关键。通过合理的资金分配和使用，高校可以在社会中树立良好的声誉，吸引更多的优秀生源和合作机会。品牌形象的提升不仅依赖于学术声望，还需要通过支出管理来支持各类品牌建设活动，从而在激烈的教育市场竞争中占据有利位置。有效的支出管理策略，能够为高校的长远发展奠定坚实的基础。

（四）创新效益指标

在高校支出管理中，创新效益指标是衡量高校在推动创新方面成效的重要工具。创新效益指标不仅应关注创新项目的数量，还应关注资金投入与产出比。

通过评估资金在新兴技术和研究领域的支持效果，高校可以判断其在推动学术前沿和技术进步方面的投入是否合理。资金投入与产出比的分析帮助决策者优化资源配置，使有限的资金产生更大的学术和社会价值。这需要综合考虑项目的创新性、可持续性及其对学术界和产业界的影响。

设立创新基金是提高高校创新能力的重要举措。通过创新基金的支持，教职工能够在跨学科研究中获得更多资源，从而推动新思想和新方法的产生。这种支持不仅体现在直接的资金投入上，还包括政策上的倾斜和管理上的便利。跨学科研究的兴起，往往能够突破传统学科的局限，带来意想不到的学术突破和技术革新。高校通过这种方式，能够在知识创造和技术应用上取得更大的进展，进而增强自身的学术影响力和社会服务能力。

高校在知识产权申请和技术转化方面的表现是创新效益的重要体现。评估高校在这些方面的表现，可以分析其对经济和社会发展的贡献。知识产权的申请数量和质量，直接反映了高校在创新成果保护和利用方面的能力。同时，技术转化的成功与否，也显示了高校在推动科技成果产业化方面的成就。高校通过这些指标，可以全面了解其在创新链条上的位置和作用，为进一步提升创新效益提供数据支持和决策依据。

学生活动和创新创业项目的资金支持，是提升学生创新能力和实践经验的关键因素。通过分析这些资金支持的效果，可以了解学生在创新意识、实践能力和创业精神方面的提升情况。资金支持不仅能帮助学生在实践中锻炼技能，还能激发他们的创新潜力和创业热情。高校通过这种方式，能够为社会培养出更多具有创新思维和实践能力的人才，从而增强其在人才培养方面的竞争力和影响力。

二、高校支出效益评估的方法与流程

（一）确定评估目标与范围

在高校支出效益评估过程中，需要明确评估的具体目标。这些目标通常包括提高资金使用效率和优化资源配置，以确保支出效益的最大化。高校作为资源密集型机构，资金的有效利用至关重要。因此，设定明确的评估目标可以指导整个评估过程，并帮助识别和解决资金使用中的低效问题。通过对资金使用效率进行评估，高校可以发现资源分配中的不平衡现象，并采取措施进行优化，从而提高整体运营效率和教育质量。

界定评估的范围是进行全面评估的基础。高校的支出涉及多个领域，包括教育教学、科研、行政管理及基础设施等。为了确保评估的全面性和有效性，必须对这些领域的支出进行详细分析。教育教学支出直接影响教学质量和学生的学习体验，而科研支出则关系高校的学术声誉和创新能力。行政管理和基础设施支出则影响高校的日常运营和长期发展。因此，全面评估这些支出领域，能够为高校的战略决策提供可靠的数据支持。

（二）选择合适的评估方法与工具

在高校支出效益评估过程中，选择合适的评估方法与工具是确保评估结果准确性和可靠性的关键。为此，首先需要运用定量分析方法，通过数据统计和财务指标计算，评估各类支出在实现高校目标中的效果和效率。这一过程不仅需要对财务报表进行细致分析，还应结合支出项目的具体背景和预期目标，以便全面了解其对高校整体发展的贡献。通过定量分析，量化支出效益，从而为管理层提供科学的决策依据。同时，定量分析也为后续的定性评估和对比分析奠定了基础。

然而，仅仅依靠定量分析可能不足以全面反映支出效益。因此，采用定性评估方法，结合专家访谈和问卷调查，收集各部门对支出效益的反馈与建议将成为必要的补充。通过这种方式，可以获取来自不同视角的见解，特别是那些难以量化的效益和潜在问题。专家访谈能够深入挖掘支出项目的潜在价值和实施过程中的挑战，而问卷调查则可以广泛收集意见，从而为支出效益的改进提供更为全面的视角。这种定性评估不仅丰富了评估内容，也为后续的改进措施提供了宝贵的参考价值。

此外，实施对比分析法是识别最佳实践和改进空间的重要手段。通过将不同部门或相似高校的支出效益进行横向对比，可以有效识别出哪些部门的支出效益较高，哪些方面存在改进空间。对比分析能够揭示出不同管理模式和策略的优劣，为高校支出管理提供了实证依据。这种方法不仅有助于发现潜在的效率提升空间，也为高校在资源配置和管理策略上提供了宝贵的经验。

（三）收集与分析相关数据与信息

在高校支出效益的评估过程中，收集与分析相关数据与信息是其中的关键步骤。通过问卷调查的方式，能够有效收集师生对各类支出效益的评价。这种方法不仅可以反映支出对教学、科研和师生生活质量的直接影响，还能揭示出在具体支出项目上可能存在的不足之处。问卷调查的设计应注重全面性和针对性，以确保收集到的信息能够真实反映师生的实际感受和需求。这种主观评价为高校管理层提供了一个重要的反馈机制，使其能够及时调整支出策略，提高资金使用的有效性。

利用财务管理信息系统提取各类支出的具体数据，是进行财务分析的基础。通过横向和纵向的财务分析，可以识别出资源使用的趋势和模式。横向分析涉及不同支出项目之间的比较，帮助识别出项目中可能存在资源浪费或不足的情况。纵向分析则关注同一项目在不同时间段的变化，揭示出支出效率的历史演变。这种分析不仅有助于发现潜在的问题，还能为未来的预算规划提供数据支持。通过这种系统化的数据分析，高校可以更好地分析其资源配置的合理性和有效性。

定期的财务报告审查是确保资金使用合规性和效率的重要手段。通过分析各类支出与预算的符合度，管理层能够评估资金使用的合规性，并识别出可能的偏差和问题。财务报告审查还可以揭示预算执行过程中存在的挑战，为改进预算管理提供依据。此外，结合行业标准和最佳实践，收集外部数据进行对比分析，可以评估高校支出效益的相对水平。这种对比分析不仅揭示了高校在支出管理上的不足，还为其提供了明确的改进方向和策略。通过这些措施，高校可以不断优化其支出管理机制，提高资金使用效益。

（四）进行评估并得出初步结论

在新时期高校支出管理实践中，进行评估并得出初步结论是提升支出效益的关键环节。评估的首要任务是分析各类支出对高校教育质量的直接贡献，以确保资源配置的有效性和针对性。通过系统化的评估流程，高校管理者能够识别哪些支出项目在提升教学质量方面发挥了积极作用，从而优化资源分配。这需要结合定量与定性的方法，综合考虑教学成果、科研产出和社会服务等多方面的指标，以全面反映支出的实际效果。这样的评估不仅有助于提高高校的教育质量，还为未来的财务决策提供了科学的依据。

进一步分析不同支出项目的经济效益是评估过程中不可或缺的一部分。通过识别资金使用中的最佳实践，可以为管理者后续决策提供有力的参考。这一过程涉及对各类支出的成本效益分析，应重点关注那些能够以较少投入产生较大回报的项目。通过对比分析，管理者能够发现哪些项目在资源利用上更为高效，从而指导资金的合理流动与配置。这样的分析不仅为高校的财务管理提升了透明度，也为实现教育资源的最优配置奠定了基础。

在评估过程中，收集师生反馈是确保资金投入合理性的关键步骤。通过调查问卷、访谈等方式，收集师生对各类支出的满意度和对校园生活质量的评价，可以直观地反映支出的实际效果。这样的反馈机制不仅帮助管理者了解支出的直接影响，还能帮助其发现潜在的问题和改进空间。通过对反馈信息的分析，管理者可以调整支出策略，以更好地满足师生的实际需求，提升校园整体生活质量和教育体验。

（五）撰写评估报告并提出改进建议

撰写评估报告是高校支出效益评估流程中的关键步骤。通过建立全面的支出效益评估体系，可以明确各类支出的评估标准和指标，从而确保评估结果的科学性和客观性。这一体系的建立需要结合高校的具体情况，制定符合实际的标准和指标，其应涵盖教学、科研、基础设施等各个方面。通过系统化的评估，能够有效识别各类支出中存在的问题，并为改进措施的制定提供准确的数据支持。撰写报告时，应详细记录评估过程、结果分析以及发现的问题，确保报告的完整性和可操作性。

定期开展师生满意度调查是提升高校支出效益的重要手段。通过收集师生对各类支出的反馈及建议，可以更好地了解资金使用的实际效果和存在的不足。这种调查不仅能够为评估提供第一手的数据信息，还能帮助高校及时调整资金使用策略，提升师生整体校园体验。满意度调查的结果应纳入评估报告中，作为制定改进措施的参考依据。通过分析师生的反馈意见，高校可以更有针对性地优化资金配置，确保支出能够最大限度地满足师生需求。

推动跨部门协作是提高高校支出效益评估效果的关键。各类支出评估结果在不同部门之间的共享，有助于促进资源的合理配置和提高其使用效率。跨部门协作不仅可以避免资源浪费，还能通过协同效应实现更高的效益。评估报告应强调各部门之间的协调与合作，通过建立常态化的沟通机制，确保信息流通的畅通无阻。通过这种方式，高校能够更好地整合资源，提升整体的管理水平和资金使用效率。

制定针对性的改进措施是评估报告的最终目标。依据评估结果，高校需要优化支出结构，确保资金投入能够更有效地支持教学和促进科研目标的实现。

改进措施的制订应充分考虑评估中发现的问题和不足，结合师生的反馈意见，提出切实可行的解决方案。报告中应明确改进措施的实施步骤、预期效果以及评估标准，以便后续进行效果追踪和评估。通过不断的改进和优化，高校可以实现支出效益的最大化，进而推动教育质量和科研水平的提升。

三、高校支出效益评估结果的改进

（一）反馈机制

在高校支出管理中，反馈机制的建立是提升支出效益的重要手段。通过建立定期反馈会议机制，可以有效促进各部门之间的信息共享与沟通。召开会议并邀请各部门代表参与，集中讨论支出效益评估的结果与改进建议。这种机制不仅能够让各部门更清晰地了解彼此的支出情况，还能共同探讨改进的策略，形成合力，以提升高校整体的支出效益。同时，设立在线反馈平台也是一个重要的举措。此平台便于师生随时提交对支出效益的意见与建议，这样的安排大大提高了反馈的及时性和准确性。通过在线平台，师生可以在任何时间、任何地点表达对高校支出管理的看法，管理层也可以迅速获取来自一线的真实反馈，为改进支出管理方案提供了宝贵信息。

为了确保反馈信息能够得到及时有效处理，制定反馈处理流程显得尤为关键。明确责任人和处理时限是该流程的重要组成部分。通过责任人的指定，确保每一条反馈都有专人负责跟进，避免信息在传递过程中被遗漏或延误。同时，设定处理时限，督促负责人员在规定的时间内完成对反馈信息的分析与处理。这一机制的实施，能够确保反馈信息得到及时分析与有效落实，避免拖延影响决策的准确性与时效性。此外，开展定期的满意度调查也是反馈机制中的重要环节。通过调查，收集师生对各类支出效益的主观评价，管理层可以根据调查结果调整资金使用策略，提升高校师生整体满意度。满意度调查不仅是对现状的评估，更是对未来支出方向的指引。

利用数据分析工具对反馈信息进行系统整理与分析，是提升反馈机制科学性的重要手段。通过数据分析，可以识别出常见问题和改进方向，为后续决策提供依据。数据分析不仅能够揭示出反馈信息中的共性问题，还能通过对比分析，找出各部门在支出管理中的优劣势。这种系统化的分析为高校支出管理的科学决策提供了有力支持。通过反馈机制的不断完善，高校能够在支出管理中形成闭环管理模式，确保各项资金的使用更加合理、高效。反馈机制的实施，不仅是对高校支出效益的提升，更是对高校管理水平的全面提高。

（二）持续改进策略

在新时期高校财务管理中，持续改进策略是提升支出效益的关键环节之一。

1. 建立常态化的内部审计机制

建立常态化的内部审计机制是这一策略的重要组成部分，通过定期对各类支出进行审查，确保资金使用的合规性与有效性。内部审计不仅能发现潜在的财务风险，还能为管理层提供决策支持，帮助高校在资源分配上作出更为精准的调整。此外，内部审计机制的常态化运行，有助于形成良好的财务管理文化，使各部门在日常工作中更加注重支出的合理性与必要性，从而在整体上提高高校的财务管理水平。

2. 推动财务管理信息系统的升级

利用先进的数据分析工具，可以显著提高支出管理的精细化水平。现代高校财务管理信息系统不仅需要具备基本的财务核算功能，还应当能够支持复杂的数据分析和预测功能。通过对历史财务数据的深入分析，管理者可以识别出支出管理中的薄弱环节，进而制定针对性的改进措施。此外，信息系统的升级还可以提高数据的透明度和可追溯性，帮助高校制定更为科学的财务决策。

3. 实施跨部门协作机制

高校的各个部门在日常运作中，往往涉及多方面的支出项目，单一部门的独立管理可能导致资源的浪费或重复投入。通过跨部门协作，各部门可以共同参与支出效益的评估与优化，形成合力进而提升管理效率。协作机制的建立不仅可以促进信息的共享，还能提高各部门对整体支出效益的认识和重视程度，进而推动资源的合理配置和使用。

4. 定期开展支出效益培训

高校财务管理人员的能力和素质直接影响支出管理的成效。通过系统的培训，财务人员能够快速掌握最新的管理理念和工具，提升其在实际工作中解决问题的能力。有效的培训不仅能提高财务人员的专业水平，还能增强其对持续改进策略的执行力，确保策略的有效落实。

（三）绩效激励措施

绩效激励措施在高校支出效益改进中扮演着重要角色。通过建立基于绩效的资金分配机制，可以有效地确保资源的合理利用和公平分配。这种机制要求对各部门的实际贡献和需求进行细致的评估，从而在资源分配中做到有的放矢。尤其是在资源有限的情况下，科学合理的资金分配不仅能提高资源的使用效率，还能激发各部门的主动性和创造性。具体而言，资金的分配应考虑各部门在实现高校整体目标中的贡献，同时也要兼顾不同部门的实际需求，以此来确保资金的使用能够最大化地支持高校的核心使命。

设立专项奖励基金是激励机制中的另一重要手段。通过鼓励教职工积极提出创新的支出管理方案，并对实施效果显著的项目给予资金支持，能够有效地激励创新思维的应用。这种做法不仅能激发教职工的积极性和创造力，还能在全校范围内营造出一种鼓励创新和实践的氛围。专项奖励基金的设立应明确奖励标准和评估机制，以确保奖励发放的公平性和透明度，从而吸引更多的教职工参与到创新实践中来，为高校的可持续发展提供源源不断的动力。

推行绩效考核制度，将各类支出的效果与部门的绩效挂钩，是提升高校资金使用效率的重要措施。通过这种制度，各部门能够更加明确自己的目标和责任，从而在日常工作中注重资金的合理使用和管理水平的提高。绩效考核制度的实施需要建立一套科学、合理的考核指标体系，以便全面、客观地评价各部门的绩效表现。同时，考核结果也应与部门的预算安排和资源配置挂钩，以此激励各部门不断优化资金使用，提升整体管理水平。

第五章　新时期高校资产管理实践问题研究

第一节　高校资产配置的合理性与效率性分析

一、高校资产配置的基本原则与目标

（一）资产配置原则

高校资产配置是高校财务管理中的重要组成部分，其原则直接影响资源的有效利用和教育事业的可持续发展。

1. 公平性原则

公平性原则要求高校在进行资产配置时，充分考虑各个学科和部门的不同需求，确保资源的合理分配。这不仅有助于促进学科的全面发展，也能有效支持高校实现多元化教育目标。公平性原则的贯彻实施，还需要建立一套科学的评估体系，以便在资源分配时能准确反映各部门的实际需要，避免资源的浪费和不必要的竞争。

2. 透明度原则

透明度原则强调资产使用和管理过程的公开性，这有助于增强各方对高校管理的信任。通过定期公布资产配置的相关信息，高校可以让教职工和学生了解资金的流向和使用情况，进而加强内部沟通与协作。透明度的提升不仅有助于预防腐败和不当行为，还能激发各部门主动参与管理的积极性，从而为高校的长远发展奠定坚实的基础。

3. 灵活性原则

随着教育环境和市场需求的快速变化，高校需要在资源配置上具备一定的灵活性，以便能够及时调整策略以应对新的挑战。灵活性原则要求高校在资产配置过程中，保持对外部环境变化的敏感性，同时具备快速响应的能力。这不

仅可以提高资源的使用效率，还能增强高校在激烈的教育竞争中的适应能力和创新能力。

4. 可持续性原则

可持续性原则关注长期发展和环境保护，这要求高校在进行资产配置时，不仅要考虑当前的需求，还要关注资源的长期使用和维护。通过合理规划和科学管理，高校可以在保障教学和科研活动正常进行的同时，减少对环境的负面影响，实现资源的可持续利用。可持续性原则的实施，有助于高校在追求卓越的同时，承担起应有的社会责任，为构建和谐社会贡献力量。

（二）资产配置目标

资产配置是高校财务管理中的重要环节，其目标直接影响高校的整体发展和运营效率。

高校资产配置目标的核心在于优化资源配置，以提高对教学和科研的支持力度，确保各学科和部门的需求得到充分满足。在新时期，随着教育市场的不断变化，高校必须具备灵活的资源配置能力，以适应不同学科的快速发展和不断更新的科研需求。通过合理的资产配置，高校能够在有限的资源条件下，最大限度地支持教学和科研活动，从而提升整体教育质量和科研水平。

在资产配置目标中，提高资产使用效率是重中之重。高校资产包括固定资产、流动资产以及无形资产等多种形式，这些资产的高效利用不仅可以减少资源闲置和浪费，还能实现更高的经济效益。通过科学的资产管理，高校能够提高设备和设施的使用效益，提高实验室、图书馆等资源的利用率，降低运营成本。有效的资产配置不仅能节约资金，还能为高校的发展提供更多的财力支持。

促进高校整体发展和增强竞争力是高校资产配置目标的另一个重要方面。在全球化和信息化的时代背景下，高校面临着激烈的竞争。通过优化资产配置，高校可以提高自身的办学水平和科研实力，吸引更多优质生源和优秀教师，以增强自身的市场竞争力。合理的资产配置还可以支持高校的创新发展，推动新技术和新方法的应用，从而在激烈的市场竞争中保持活力与创新。

此外，加强资产管理的可追溯性和责任制也是高校资产配置目标的重要组成部分。通过建立完善的资产管理制度和信息化管理系统，高校可以确保资源的合理使用和管理，提升管理水平和透明度。可追溯性和责任制的加强，不仅有助于防范资产流失和管理漏洞，还能提高管理人员的责任意识和工作效率，为高校的长远发展提供坚实的基础。

二、高校资产配置合理性的影响因素

（一）政策环境影响

政策环境对高校资产配置的合理性具有深远的影响，国家政策的制定为高校在资源分配时提供了明确的优先领域和方向。国家政策不仅引导高校在资源配置中关注教育质量的提升和科技创新的推动，还在一定程度上影响高校在科研设备、教学设施等方面的投资力度。地方政府的财政支持和政策优惠则直接决定了高校可用资源的规模和性质。地方政府通过实施专项资金、税收优惠等措施，支持高校在基础设施建设、人才引进等方面的投入，这些政策措施在很大程度上影响高校资产配置的合理性和效率性。

教育部推出的相关政策及管理规定对高校资产管理的规范性提出了具体要求，这些要求不仅涉及资产配置的合规性和透明度，还包括对资产使用效率的考核标准。高校在资产配置过程中，必须遵循这些政策和规定，以确保资产管理的合法合规。同时，随着社会经济环境的变化，高校在资产配置决策中也需要考虑市场需求和社会发展趋势，以实现资源的优化配置和可持续发展。高校与行业、企业之间的合作政策，对促进高校在资产使用中实现资源共享与协同创新起到了积极作用。通过与企业的合作，高校能够更高效地利用社会资源，增强自身的科研实力和市场竞争力。

（二）市场条件影响

市场条件在高校资产配置中同样扮演着至关重要的角色。市场竞争的加剧要求高校在资源分配中必须全面分析同行业竞争对手的优势与劣势，以便在激烈的竞争环境中保持自身的竞争力。高校不仅需要关注自身的资源配置效率，还要时刻关注竞争对手在资源利用和配置上的策略，从而在资源分配中形成独特的竞争优势。这种竞争驱动的资源配置策略不仅提高了高校的运营效率，也促进了教育质量的提升。

市场需求的变化直接影响高校的专业设置和资产配置策略。随着社会对某些专业的需求增加，高校需要及时调整资源配置，以适应这种变化。这种调整不仅体现在专业课程的设置上，也包括对相关设施和设备的投入，以提高学生的就业率和社会适应能力。高校通过不断优化资源配置，确保所提供的教育内容和社会需求紧密结合，从而提升自身的社会影响力和办学声誉。

行业发展趋势对高校的科研方向和资金投入也产生了深远影响。随着某些行业的快速发展，高校需要在这些领域加大科研投入，以增强科研成果的转化能力。这不仅涉及实验室设备的更新和科研项目的资金支持，还包括对研究人员的激励机制。高校通过把握行业发展趋势，优化资源配置，提升科研成果的质量和数量，从而在特定领域形成独特的竞争优势和影响力。

经济环境的波动对高校财务状况具有直接影响，进而影响资产配置的风险管理和财务稳健性。高校需要在经济环境不确定性中，制定灵活的财务策略以维持财务健康。风险管理策略的有效实施，能够帮助高校在经济波动中保持资产配置的合理性和稳定性，确保教育和科研活动的持续进行。

技术进步为高校资产管理工具和方法的革新提供了新的契机。随着信息技术的快速发展，高校可以采用先进的管理工具来提升资产使用效率和管理水平。通过引入大数据分析、人工智能等技术，高校能够更精准地进行资产配置决策，进而提高资源的使用效率和管理的精细化水平。这种技术驱动的管理变革，不仅优化了高校的运营管理，也提升了其在新时期的综合竞争力。

（三）内部管理因素

高校资产配置的合理性在很大程度上依赖于内部管理因素的优化。

1. 高校内部管理结构的合理性

良好的管理结构能够促进各部门之间的协调与沟通，确保资源分配的高效性。通过优化管理流程，可以减少资源浪费，提升资产的使用效率。此外，管理结构的优化还可以促进信息的流通，使得决策层能够更快速地获取准确的信息，从而作出更为科学的资产配置决策。

2. 高校资产管理信息系统的建设与应用

通过信息系统的集成和应用，高校能够实现资产管理的实时性和准确性。信息系统的应用不仅可以提高数据处理的效率，还能为管理决策的提出提供数据驱动的支持。这种技术手段的运用，使得高校可以在资源配置时更加灵活和精准，减少人为因素对资产配置的影响，提升整体管理水平。

3．内部财务管理制度的健全程度

完善的财务管理制度能够确保资产使用的合规性和透明度，防止资源的浪费和不当使用。通过建立健全的财务管理制度，高校可以实现对资产的有效监控和管理，确保资源的合理分配。同时，完善的制度也有助于提高财务管理的透明度，增强各部门对资产使用的责任感和自律性。

4．高校管理人员的专业素质与能力

管理人员的专业水平和决策能力直接关系到高校资产配置的成效。通过不断提升管理人员的专业素养和管理能力，高校可以在资产配置过程中作出更为科学合理的决策，进而推动管理水平的提升。这不仅可以提高资源的利用效率，还能增强高校在资源配置中的竞争力。

三、高校资产配置效率的评估指标与方法

（一）评估指标体系

在高校资产配置的管理过程中，建立科学合理的评估指标体系至关重要。评估指标体系不仅是衡量高校资产配置效率的工具，还为高校管理者提供了决策支持。通过系统化的指标设计，可以全面反映高校资产的使用情况和管理水平。评估指标体系的建立需要考虑多方面因素，包括资产使用效率、资产回报率、资源配置公平性和资产管理透明度等。每个指标都从不同的角度评估高校资产配置的合理性与效率性，从而为提升高校资产管理水平提供了科学的依据。

资产使用效率指标是评估高校资产配置效率的重要组成部分。这一指标主要通过分析资产的使用频率和闲置率来评估资源的实际利用情况。高使用频率意味着资产能够被充分利用，发挥其应有的作用，而高闲置率则可能表明资源配置的不合理或管理不当。通过对资产使用效率的评估，高校可以识别出资源配置中的薄弱环节，进而采取有效措施提高资产的使用效益，避免资源的浪费。

资产回报率指标是衡量高校资产经济效益的重要标准。通过计算资产产生的收益与资产总值的比率，可以评估资产的经济效益。高回报率意味着资产能

够有效地创造经济价值，为高校的发展提供更多的资金支持。反之，低回报率则可能表明资产管理不善或投资决策不当。因此，通过对资产回报率的分析，高校管理者可以优化资产配置策略，提升资产的经济效益。

资源配置公平性指标关注的是高校内部不同学科和部门在资产分配中的公平程度。公平的资源配置能够确保不同学科和部门的多样化需求得到满足，进而促进高校的整体发展。通过分析资源配置的公平性，高校可以识别出在资产分配中可能存在的不平等现象，并采取措施进行调整，以实现资源的合理配置，推动学科间的协调发展。

资产管理透明度指标则是评估高校资产管理过程的公开性和信息共享程度。高透明度的管理能够提升各方对资产管理者的信任程度，促进高校资产管理的规范化和科学化。通过提升管理透明度，高校可以增强各利益相关方的参与度和监督力度，确保资产管理的公正性和有效性。透明度的提升不仅有助于提高管理效率，还能增强高校的社会责任感和公信力。

（二）评估方法选择

评估方法选择在高校资产配置效率的研究中至关重要。选择合适的评估方法不仅能够为高校资产管理提供科学的依据，还能有效提升资产配置的合理性与效率性。在高校资产配置效率的评估中，常用的方法包括定量分析法、定性分析法以及对比分析法。这些方法各有其独特的优势和适用场景，能够为高校资产管理提供多角度的分析视角和准确的数据支持。

1．定量分析法

定量分析法是通过统计和数学模型对高校资产配置效率进行量化评估的方法。此方法的核心在于利用精确的数据和数学工具来分析资产配置的效率性。通过构建数学模型，可以对高校资产的使用情况进行精确的测量和分析，从而提供数据支持与客观依据。定量分析法的优势在于其结果的客观性和可重复性，能够为高校决策者提供明确的参考。然而，该方法也有其局限性，即对数据的依赖性较强，数据的准确性和完整性直接影响评估结果的可靠性。

2．定性分析法

定性分析法则通过结合专家访谈和问卷调查，深入探讨高校资产配置的合理性与效率性，以获取多元视角。与定量分析法不同，定性分析法更加注重对资产配置过程中的主观因素和复杂背景的理解。通过与高校管理人员和相关专家的深入访谈，可以揭示出资产配置中潜在的问题和改进空间。此外，问卷调查能够收集广泛的意见和建议，为资产配置的优化提供重要的参考。定性分析法的优势在于其较好的灵活性和分析问题的深度，但同时也需要注意主观判断可能带来的偏差。

3. 对比分析法

对比分析法是通过将不同高校或不同学科的资产配置效率进行横向对比，从而识别最佳实践与改进空间的一种方法。此方法通过分析不同高校在资产配置上的差异，揭示出影响配置效率的关键因素。通过对比分析，能够识别出在资产配置上表现较为突出的高校，并从中得出最佳实践，进而为其他高校提供借鉴。此外，对比分析法还可以帮助识别出不同学科在资产使用上的特点，指导资源的合理分配。此方法的优势在于其能够从宏观上把握资产配置的整体情况，但也需要注意样本选择的代表性和分析的全面性。

四、不同类型高校资产的配置策略

（一）教学资产配置

教学资产配置在高校资产管理中占据重要地位，其合理性直接影响教育质量和资源利用效率。在配置过程中，高校管理者应优先考虑课程需求，确保各学科所需的教学设备和材料得到及时配备。这不仅有助于促进教学质量的提升，还能有效帮助学生的全面发展。课程需求的优先考虑要求管理者对各学科的具体需求有深入了解，并根据教学计划和学科特点进行科学配置，以避免资源浪费和短缺。

此外，教学资产配置需充分考虑学生人数和专业特点。合理分配教室、实验室及其他教学设施，以满足不同学科和年级学生的实际需求，这也是提升教学效果的关键。不同专业对教学设施的需求各异，管理者需结合学生的实际分布和专业设置，灵活调整资产配置策略。这种针对性配置不仅能提高资源利用率，还能为学生提供更为适宜的学习环境，促进不同学科的协调发展。

为了确保教学资产配置的灵活性和适应性，应建立动态调整机制。根据教学效果和学生反馈，及时优化教学资产的配置，可以更好地响应教学需求的变化。这一机制要求管理者定期收集和分析教学反馈，发现资源配置中的不足，并进行相应的调整。动态调整机制的建立能够使高校资产管理更加灵活，以适应快速变化的教育环境，提升整体资源配置的效率。

信息技术的应用在现代教学中扮演着越来越重要的角色，因此教学资产配置需关注信息技术的整合与应用。推动数字化教学资源的整合与共享，这不仅能提高教学效率，还能为学生提供丰富的学习体验。通过合理配置信息技术资源，促进线上线下教学的有机结合，能够为学生提供更加多样化的学习途径，进而提升整体教学质量。

加强对教学资产使用情况的监测和评估是提高资源利用效率的重要手段。定期分析资产使用效率，有助于发现问题并进行针对性改进。通过建立完善的监测评估体系，管理者可以获得精准的数据支持，为教学资产配置提供科学依据。这一过程不仅能帮助高校优化资源配置，还能为未来的资产管理提供宝贵的经验和指导。

（二）科研资产配置

在新时期高校资产管理的实践中，科研资产配置是一个至关重要的环节。科研资产配置要优先考虑研究项目的实际需求，确保科研团队在研究过程中所需的实验设备和材料能够得到及时的配备。只有这样，才能为科研成果的顺利产出提供坚实的物质基础。科研项目的成功与否，很大程度上依赖于其所需资源的充分保障，因此，科学合理的资产配置策略显得尤为重要。

在科研资产配置过程中，关注学科交叉与合作是提升科研效率的重要手段。合理分配和共享实验室及研究设施，不仅能够有效利用现有资源，还能促进不同学科之间的协同创新。通过资源的共享与优化配置，各学科之间可以实现优势互补，从而在科研过程中产生新的突破和创新。这种配置策略不仅提高了资源的使用效率，还推动了高校科研水平的整体提升。

建立科研资产的动态管理机制，是提升科研资源使用效率的关键措施。根据科研进展和成果反馈，及时调整科研资源的配置，确保资源的合理利用和效益最大化。这种动态管理机制能够快速响应科研需求的变化，避免资源的闲置和浪费，进而提升科研工作者的整体效率和成果产出。

在科研资产配置中，科研人员的专业技能与需求同样值得重视。科研资产的配置应能够支持科研人员的专业发展与能力提升，为他们提供必要的资源和支持，以便于他们在科研活动中充分发挥自身的潜力。通过合理的资产配置，科研人员的创新能力和科研水平将得到持续提升，为高校的科研工作注入新的活力。

加强对科研资产使用情况的监测与评估是确保科研资源高效利用的重要手段。通过定期分析科研资源的使用效率，管理者可以及时发现问题并进行针对性改进。这种监测与评估机制不仅能够提高科研资源的使用效率，还能为未来的资产配置提供科学的依据，确保高校科研工作在资源配置方面始终保持高效与合理。

（三）基础设施资产配置

在新时期高校资产管理的实践中，基础设施资产配置扮演着至关重要的角色。高校的基础设施不仅是教育和科研活动的物质载体，更是高校整体发展规划的重要组成部分。合理的基础设施资产配置需要与高校的长远发展目标相适应，以确保各类设施能够有效支持高校的核心功能。通过科学的布局和规划，高校可以优化资源配置，提升教育和科研的质量与效率。

基础设施资产配置时，校园安全和环境保护是必须优先考虑的因素。高校作为人员密集的场所，其设施建设和维护必须严格遵循相关法规和标准，确保师生的安全和健康。此外，环境保护也是高校基础设施管理的重要关注点，高校在基础设施规划和实施过程中，应当充分考虑其对环境的影响，采取措施减少不利影响，推动绿色校园的建设。

可持续性是基础设施资产配置的另一关键要素。在资源日益紧张的背景下，高校不仅需要关注设施建设的初始成本，更需要考虑其长期的运营成本和环境影响。采用节能环保的材料和技术，不仅能够降低设施的运行费用，还能减少对环境的负面影响，体现出高校在社会责任方面的担当。

此外，基础设施的配置必须充分考虑到学生和教职工的实际需求。公共设施的便利性和舒适性直接影响到校园师生的整体体验。高校应通过调研和反馈机制，了解使用者的真实需求，以此为基础进行设施的设计和改进。只有当设施能够真正服务于使用者时，才能提高其使用效率和满意度。

为了保障基础设施资产的高效利用和维护，建立定期评估机制是必要的。通过定期评估，高校可以及时发现设施使用中存在的问题，采取相应措施进行调整和改进。这不仅能提高资产的使用效率，还能延长设施的使用寿命，降低维护成本。评估机制的建立，有助于形成资产管理的良性循环，确保高校基础设施能够持续支持教育和科研的高质量发展。

第二节　高校资产使用的规范性与安全性管理

一、高校资产使用管理制度建设

（一）制度建设的重要性

在新时期，高校资产管理面临着多重挑战，制度建设的重要性愈加凸显。规范的资产使用管理制度不仅能够提高资源配置的透明度，还能确保各类资产的使用过程做到公开、公平。这种透明性不仅增强了各方对管理的信任，也为高校的资产管理奠定了坚实的基础。在高校的日常运营中，资产的合理使用直接关系到教学、科研等核心业务的顺利开展，因此，制度建设成为资产管理的首要任务。

完善的制度建设有助于明确资产使用的责任与权限。通过清晰的制度框架，高校可以减少管理中的模糊地带，提升资产使用的合规性和效率。明确的责任分工和权限界定，使得各级管理人员都能够在制度的明确指引下，合理规划和使用资产，避免因责任不清而导致的管理混乱和资源浪费。这种合规性不仅有助于提升资产的使用效率，也为高校的长远发展提供了保障。

健全的管理制度还可以促进信息共享与沟通，确保各部门在资产使用中协调一致。高校资产种类繁多，涉及的部门和人员众多，只有通过制度化的信息共享和沟通机制，才能确保资产使用的协调性。通过高效的沟通，各部门能够及时了解资产使用的现状和需求，避免资源浪费和重复建设。这种协调机制不仅提高了资产使用的效率，也增强了高校整体的管理能力。

制度化的管理措施能够建立有效的监督机制，及时发现和纠正资产使用中的问题。高校资产管理的复杂性要求有一套完善的监督机制，通过制度化的监督，管理者能够及时发现资产使用中的不当之处，并迅速采取纠正措施。这种监督机制不仅保障了资产利用的安全和高效，还为高校资产管理提供了持续改进的动力。通过不断完善和优化管理制度，高校资产管理将更加科学和高效。

（二）制度建设的关键要素

制度建设的关键要素是确保高校资产管理的有效性和安全性的重要基础。

在新时期，高校资产的管理面临着越来越复杂的挑战，制度建设的科学性和合理性就显得尤为重要。高校应从制度层面入手，建立一套系统化和规范化的管理制度，以应对资产管理中的各种风险和问题。制度的建设需要充分考虑高校的实际情况和发展需求，确保其既具有前瞻性，又能切实解决现实问题，为高校资产的合理使用和安全管理提供坚实保障。

1. 明确资产使用的审批流程

高校资产的使用涉及多个部门和人员，为了降低管理风险，必须建立严格的审批流程。具体而言，高校需制定明确的审批权限和清晰的流程图，确保每一笔资产的使用都经过必要的审核和批准。通过设立多级审批机制，可以有效防止资产的滥用和流失。同时，审批流程的透明化和公开化也是提高管理效率的重要手段，有助于增强各级管理人员的责任意识，确保资产使用的合规性。

2. 设定资产使用的监控机制

通过定期检查和评估资产的使用情况，可以及时发现并解决潜在问题，防止资产的损失和浪费。高校应建立一套完善的监控体系，包括资产使用的记录、跟踪和反馈机制。通过信息化手段，实时监控资产的使用状态，确保资产在使用过程中的安全性和有效性。此外，监控机制的建立还需与高校的整体管理体系相结合，形成一套闭环管理模式，以提高资产管理的整体水平。

3. 建立资产使用的培训体系

高校应定期组织相关培训，提高教职工和学生对资产管理制度的认知和理解。通过培训，增强全员的资产管理意识，使其在日常工作中自觉遵守相关制度。此外，培训体系的建设还应注重实践性，通过案例分析等方式，使培训内容更具针对性和实用性，从而增强培训效果，确保资产管理制度的落地实施。

4. 制定资产使用的责任追究制度

明确各级管理人员和使用者的责任，可以有效增强资产使用的合规性和安全性。高校需建立严格的责任追究制度，对资产使用过程中出现的违规行为进行及时处理和针对性问责。通过明确责任划分，确保每一位参与者都能承担相应的责任，从而形成一种良性的责任管理文化。这不仅有助于提高资产管理的整体水平，也为高校的长远发展奠定了坚实基础。

二、高校资产使用规范性提升

（一）规范性提升的措施

在新时期高校资产管理中，提升资产使用的规范性是确保资源高效利用和安全的重要环节。

建立健全资产使用的审核机制是提升规范性的重要措施之一。通过制定严格的审批流程，确保所有资产的使用都经过详细的审核和批准，从而有效防止资源滥用和不当使用的情况发生。这一机制不仅有助于提高资产使用的透明度，还能促进资源的合理分配和高效利用，确保高校资产的最大化效益。

制定资产使用的标准操作程序是规范性提升的另一关键措施。在高校中，各类资产的使用涉及不同的部门和人员，详细的操作程序可以明确各类资产的使用规范，确保相关人员在使用资产过程中遵循一致性和合规性。这不仅有助于减少资产使用过程中的随意性和不规范操作，还能为资产管理提供一个可操作的标准，便于监督和管理。

强化资产使用的培训与宣传是提升规范性的重要手段。通过定期组织培训活动，提高教职工和学生对资产使用规范的认知与遵守意识，有效减少因不当使用或操作不当而导致的资产损坏或浪费现象。宣传活动的开展亦能增强全校人员对资产管理重要性的认识，形成良好的资产使用文化氛围。

实施资产使用的定期审计制度是确保资产安全和高效利用的有效措施。通过定期检查和评估资产使用情况，及时发现问题并采取纠正措施，可以有效防止资产使用中的潜在风险。同时，审计制度的实施也为资产管理提供了反馈机制，帮助改进和完善资产管理政策和流程，确保高校资产的安全性和使用效益的持续提升。

（二）规范性提升的实施路径

在新时期高校资产管理中，提高资产使用的规范性是一个关键目标。为实现这一目标，首先需要建立资产使用的绩效评估机制。通过定期评估资产的使用效果与效率，可以及时发现资产管理中存在的问题，并调整相应的策略。这种动态的评估机制不仅有助于提高资产使用的合规性，还能确保资产在使用过程中的安全。高校管理者应关注资产的实际使用情况，结合评估结果优化资源配置，以实现资产使用效益的最大化。

现代科技的迅猛发展为高校资产管理带来了新的机遇。引入信息化管理系统，利用先进的科技手段实现资产使用的实时监控与数据分析，是提升管理透明度和响应速度的重要途径。通过信息化系统，管理者可以实时掌握资产的使用情况，及时发现安全隐患，并快速作出响应。这种数字化管理方式不仅提高了资产使用的效率，也为管理者提供了更为精准的决策依据，从而提高资产使用的规范化程度。

高校资产管理的有效性还依赖于跨部门协作机制的建立。通过加强各部门之间的信息共享与沟通，可以确保资产使用的协调性，减少资源的重复投入和浪费。各部门在资产管理中承担着不同的职责，只有通过密切的合作，才能实现资源的最优配置。建立跨部门的协作机制，不仅有助于提高资产使用的规范性，还能增强管理的整体效能，推动高校资产管理向更高水平发展。

在资产管理中，制定资产使用的应急预案是确保资产安全和有效使用的重要措施。针对突发事件或资产损坏情况，提前制定应对措施，可以在危机发生时迅速反应，减少损失。应急预案的制定需要综合考虑各种可能的风险因素，并制定详细的处理流程和责任分配。这种预防性的管理策略，不仅能提高资产使用的安全性，还能增强高校应对突发事件的能力，保障教学科研活动的顺利进行。

三、高校资产使用的安全性管理

（一）安全风险识别

在高校资产管理中，识别安全风险是确保资产使用安全与管理有效性的关键步骤。

物理损坏风险是高校资产使用中常见的问题。高校资产在使用过程中，设备故障或设施老化是不可忽视的风险因素。这些物理损坏可能导致资产无法正常使用，严重影响教学和科研活动的顺利进行。因此，定期的设备检修和维护是防范物理损坏风险的重要措施。通过建立完善的设备维护制度，可以及时发现和处理潜在的问题，延长资产的使用寿命，确保其在教学科研活动中的正常运转。

信息安全风险是高校资产管理中另一个重要的关注点。随着信息技术的快速发展，高校资产管理系统面临着网络攻击和数据泄露的威胁。这不仅可能影响资产使用的安全性，还可能削弱管理的有效性。为此，高校必须加强信息安全管理，采用先进的网络安全技术和措施，确保资产管理系统的安全运行。此外，定期进行信息安全培训，提高教职工和学生的信息安全意识，也是降低信息安全风险的重要手段。

人员管理风险在高校资产使用过程中同样不容忽视。教职工或学生在使用资产时的不当行为，如滥用或不当操作，可能导致资产损失或损坏。为此，高校需要建立健全的资产使用管理制度，明确资产使用的权限和责任。同时，应加强对教职工和学生的资产使用培训，使其充分了解正确的使用方法和注意事项，从而减少人为因素造成的资产损失。此外，建立有效的监督和反馈机制，可以及时发现和纠正不当行为，提高资产使用的安全性。

合规性风险是高校在资产使用中需要特别注意的问题。资产使用过程中，未遵循相关法律法规或内部管理制度，可能引发法律责任或财务损失。高校应严格遵循国家和地方的法律法规，制定符合自身实际情况的资产管理制度。通过定期审查和更新管理制度，确保其与最新的法律法规保持一致。此外，加强对教职工和学生的合规性教育，使其了解相关法律法规和管理制度的重要性，从而减少合规性风险的发生。通过以上措施，高校可以有效识别和防范资产使用中的安全风险，确保资产的安全和管理的有效性。

（二）防范策略制定

在高校资产管理中，制定有效的防范策略是确保资产使用安全性和合规性的重要环节。建立全面的资产安全管理制度是首要任务，这一制度应明确各类资产的使用、维护和管理责任。通过明确的职责划分，确保在资产使用过程中，各相关人员能够自觉履行相应的责任，避免因责任不清导致的安全隐患。制度的建立不仅需要考虑资产的物理安全，还需关注信息安全，尤其是在使用高科技设备和信息系统时，制度的健全能够有效防范资产流失和数据泄露。

定期开展资产安全风险评估是防范策略中不可或缺的一部分。通过风险评估，高校管理者能够识别出资产管理中潜在的安全风险，并为这些风险制定相应的预警机制。预警机制的存在，使得高校管理者能够在安全隐患初露端倪时便及时采取措施进行处理，防止小问题演变成大事故。这种预防性措施，不仅能保障资产的安全使用，还能提高整个高校资产管理的效率和问题响应速度。

提升教职工和学生的安全意识是另一个关键策略。通过定期的安全意识培训，能够有效提高教职工和学生对资产使用中安全风险的认知水平。培训内容应包括资产使用规范、常见安全隐患以及应对措施等方面。通过案例分析的方式，让培训对象更直观地理解安全风险的严重性和防范措施的重要性，从而使其在实际操作中更自觉地规范自己的行为，减少人为因素导致的资产安全问题。

现代信息技术的引入，如物联网和大数据分析，为高校资产管理带来了新的机遇。这些技术可以实现对资产使用情况的实时监控，及时发现异常情况并进行处理。物联网技术能够将资产的使用状态、位置等信息实时上传至管理系统，而大数据分析则可以对这些信息进行深入分析，发现潜在的风险趋势。通过技术手段的辅助，不仅提高了资产管理的安全性，还提升了管理效率，为高校资产的安全使用提供了有力的技术保障。

第三节　高校资产处置的透明度保障

一、高校资产处置流程的标准化与透明化

（一）流程标准化的实施步骤

在高校资产管理中，资产处置流程的标准化是确保资产处置合法性与透明度的关键环节。为实现这一目标，高校首先需要制定明确的资产处置流程图。该流程图应涵盖资产评估、审批、公告和处置等关键环节，确保每一步骤都有清晰的指引。资产评估是流程的起始环节，准确的评估不仅为后续的审批提供依据，也为公告和处置奠定基础。审批环节则需要多方参与，确保决策的公正性和透明度。公告环节的设置是为了广泛接受监督，避免暗箱操作。最后，处置环节则要严格按照既定流程执行，以确保处置的合法性和合规性。

在实施流程标准化的过程中，建立资产处置信息管理系统是不可或缺的一环。该系统的核心功能是实现资产处置过程中的信息记录、跟踪和监控。通过信息管理系统，可以实时记录每个资产处置环节的操作细节，确保信息的完整性和可追溯性。系统的跟踪功能能够及时发现流程中可能出现的偏差，从而进行有效的调整和纠正。监控功能则为管理层提供了一个全面的视角，使其能够全面掌握资产处置的进展情况，提高透明度和管理效率。信息管理系统的引入，不仅提升了流程的透明化程度，也为后续的审计和评估提供了翔实的数据支持。

为了确保资产处置流程的合规性和有效性，设立定期审核机制是必不可少的步骤。定期审核的目的是对资产处置流程进行全面检查，确保每个环节都符合相关法律法规和政策要求。通过审核，及时发现流程中的问题和不足，并进行针对性的整改。审核机制的建立，不仅是对流程合规性的一种保障，也是一种自我完善的手段。通过不断的审核和改进，资产处置流程将更加规范化和透明化。同时，审核结果也为高校管理层提供了决策参考，帮助其制定更加科学合理的资产管理策略。

开展资产处置培训是提升相关人员对标准化流程理解和执行能力的重要途径。培训的对象包括资产管理人员、财务人员以及其他相关工作人员。通过系统的培训，这些人员能够深入理解资产处置流程的每一个环节，掌握标准化操作的要点和技巧。培训内容应包括流程的理论知识、实际操作案例以及对法律法规的解读等。通过培训，不仅能够提升相关人员的专业素养和操作水平，也能增强其对流程的执行力，确保流程的有效落实。培训的效果直接关系到资产处置的质量和效率，因此，培训工作应常态化、制度化，成为高校资产管理的重要组成部分。

（二）透明化的具体措施

在新时期高校财务管理中，资产处置的透明化是确保高校资产管理合法性与公正性的重要环节。

1. 建立资产处置公告制度

通过在校内外公开发布资产处置信息，包括处置资产的类型、评估结果及处置方式，能够有效增强资产管理的透明度。这一措施不仅有助于提高资产处置过程的公开性，还能促进公众对高校资产管理的监督，确保资产处置不偏离既定的法律和政策框架。通过公告制度，相关利益方可以及时获取信息，从而更好地参与资产处置的讨论和决策。

2. 实施资产处置结果反馈机制

实施资产处置结果反馈机制是另一个关键措施，通过定期向教职工和相关利益方报告资产处置的结果和效益，确保各方的知情权和参与感。这一机制不仅提升了高校内部人员的信任度，也增强了外部利益相关者对高校管理的信心。反馈机制的建立需要高校在资产处置过程中形成系统的报告制度，确保信息传递的准确性和及时性。通过透明化的反馈机制，教职工和利益相关方能够更加清晰地了解资产处置的实际情况，从而对资产管理的策略和方法提出更具建设性的意见和建议。

3. 信息化手段的运用

开发资产处置管理系统，实现在线查询与跟踪功能，能够极大地便利相关人员实时获取资产处置的进展与结果等信息。这不仅提高了管理的透明性，还提升了工作效率。通过信息化系统，资产处置的每一个环节都可以被记录和追踪，相关人员能够随时查阅，从而确保整个过程的公开性和可控性。此外，信息化手段的运用，还能为未来的资产管理积累了宝贵的数据资源，有助于高校在资产管理领域的持续改进和创新。

4. 定期召开资产处置公开会议

在这些会议中，校内外专家和利益相关者被邀请参与讨论资产处置方案及其可能带来的影响。这种开放式的讨论不仅确保了决策过程的公开性和公正性，还能够集思广益，吸纳各方的智慧和建议。通过公开会议，高校能够在资产处置过程中更加全面地考虑各方的意见，避免因信息不对称而导致的误解和争议。同时，这也能有助于高校与社会各界建立良好的沟通渠道，促进高校资产管理的进一步发展和完善。

二、高校资产处置信息公开与公众参与机制

（一）信息公开的方式与平台

在新时期高校资产管理中，信息公开的方式与平台的建设至关重要。为了有效地保障高校资产处置的透明度，建立一个集中的信息公开平台显得尤为必要。此平台不仅是信息的发布渠道，更是教职工和公众获取资产处置信息的主要入口。通过这一平台，相关人员可以方便地查询到最新的资产处置动态，从而提高信息的可得性和及时性。此外，信息公开平台的建立，还能够通过集中化的管理，减少信息的分散和不对称，确保资产处置过程的公开、公平和公正。

为了进一步扩大信息的覆盖面，高校应定期发布资产处置公告，并通过校园网站和社交媒体等多种渠道进行广泛宣传。多渠道的信息发布策略，不仅能

够增强信息的可及性，还能吸引更多的公众关注高校资产处置事务。通过社交媒体的互动性，公众可以更直接地参与到信息的讨论和反馈中，这对于提升高校资产管理的透明度具有积极的推动作用。信息的广泛传播，还可以促使更多利益相关者参与到资产管理的监督中，形成社会共治的良好局面。

利用数据可视化技术，将资产处置信息以图表和图形的形式展示，是提升信息易读性和可理解性的有效手段。通过数据可视化，复杂的资产处置信息可以被转化为直观的视觉内容，帮助公众更好地理解和分析这些信息。这种展示方式，不仅可以激发公众对信息的兴趣，还能提高他们参与和监督资产处置的积极性。数据可视化技术的应用，不仅是信息公开平台的技术创新，也为高校资产管理的透明化提供了新的思路和方法。

（二）公众参与的形式与效果

在新时期高校资产管理的实践中，公众参与的形式与效果是确保资产处置合法性与透明度的重要环节。公众参与不仅能够提升高校资产管理的透明度，还能增强公众对高校资产管理的信任度和参与感。通过多种形式的公众参与机制，高校可以有效促进资产处置过程的公开、公正与透明。

公众参与的形式多种多样，其中定期召开资产处置公开会议是最为直接有效的方法之一。这些会议通过邀请教职工和利益相关者参与讨论，使得资产处置的决策过程更加透明和公正。在会议上，参与者可以对资产的处置计划、评估结果和处置方式进行深入的讨论和质询，从而提高决策的科学性和合理性。此外，这种面对面的交流形式也有助于利益相关者之间的沟通与理解，减少由于信息不对称而产生的误解和冲突。

建立高校资产处置信息公开平台是另一种有效的公众参与形式。通过这一平台，公众可以方便地查询到与资产处置相关的各种信息，包括资产的评估结果、处置方式以及预期收益等。这种信息公开的便利性和及时性，极大地增强了公众获取信息的能力，使得公众能够更好地监督高校资产管理的全过程。这一机制不仅提高了信息的透明度，也为公众参与提供了一个重要的渠道。

在现代信息技术的推动下，利用社交媒体和校园网站等多渠道发布资产处置公告，成为扩大信息覆盖范围的重要手段。通过这些渠道，高校能够将资产处置的相关信息迅速而广泛地传达给公众。社交媒体的互动性和校园网站的权威性，使得公众能够及时了解最新的资产处置信息，并对相关事项进行反馈和建议。这种信息传播的广泛性，不仅提高了公众对高校资产管理的知情权，也促进了高校与公众之间的良性互动。

实施资产处置结果公示制度，是确保公众参与效果的重要措施之一。通过定期向公众展示资产处置的评估结果、具体处置方式和收益情况，高校能够进一步提升公众对其资产管理的信任度。公示制度不仅是对公众知情权的保障，也是对高校资产管理透明度的有力监督。通过这一制度，公众可以对高校资产处置的全过程进行审视和评价，从而促进高校资产管理机制的不断改进与完善。

三、高校资产处置的评估与审计机制

（一）评估机制的设计与实施

评估机制的设计与实施是高校资产管理中至关重要的一环。为了确保资产处置的科学性和公正性，必须建立一套完善的资产评估标准。这些标准应全面涵盖资产的市场价值、使用年限和维护成本等因素，从而为资产的合理处置提供可靠依据。市场价值的评估需要考虑当前市场环境和资产的潜在使用价值，而使用年限和维护成本则是评估资产未来潜在收益和成本的重要指标。通过这些标准的制定，可以确保评估结果的科学性，为资产处置提供有力的支持。

在实施评估机制时，定期资产评估是不可或缺的步骤。定期评估不仅可以保证资产信息的及时更新，还能反映市场的最新变化和资产的使用状况。这种动态评估模式能够帮助高校在资产处置过程中作出更为明智的决策，避免因市场波动或资产老化带来的潜在损失。通过定期评估，资产管理部门可以及时掌握资产的真实状况，从而在资产处置时做到心中有数，确保资产价值的最大化。

为了确保评估的客观性和透明度，设立独立的评估小组是必要的。该小组应由不涉及资产处置利益的专业人员组成，负责资产评估的全过程。独立评估小组的存在可以有效避免利益冲突，确保评估结果的公正性。通过这样的组织结构，评估过程能够保持独立性，评估结果也更具有可信度，从而增强高校资产处置的透明度。

此外，制定评估结果的反馈机制也是评估机制设计的重要组成部分。通过及时将评估结果向相关利益方公开，可以增强资产处置的透明度和公众信任度。这种反馈机制不仅有助于利益相关方了解资产处置的依据和过程，还能为高校资产管理提供有价值的反馈意见。通过这样的双向沟通，高校可以不断优化资产管理策略，提高资产处置的效率和效果。

（二）审计机制的运行与效果

在高校资产管理中，审计机制的有效运行是确保资产处置合法性与透明度的关键。审计机制的独立性与客观性是其有效运行的基础。为了提升审计结果的公信力和有效性，审计团队必须保持独立性，不受管理层的干预和影响。独立性不仅是审计工作的基本原则，也是确保审计结果客观可信的前提条件。通过建立独立的审计委员会或外部审计机构，可以有效防止内部干扰，维护审计工作的公正性。这种独立性不仅体现在组织结构上，也体现在审计人员的职业操守和专业判断上。

审计过程中的数据收集与分析方法是提升审计工作的准确性和效率的核心。采用科学的审计技术和工具，如数据分析软件、信息系统审计工具等，可以大幅提升审计工作的精准度。这些工具不仅能够快速处理大量数据，还能通过数据挖掘技术发现潜在的问题和风险点。在数据收集过程中，确保数据的全面性和准确性是至关重要的。这需要审计人员具备良好的数据分析能力和专业的判断力，以便在海量数据中提取出有价值的信息，从而为审计结论提供有力支持。

审计结果的反馈与改进机制是确保审计发现的问题能够得到及时处理的重要环节。通过建立完善的反馈机制，审计结果可以迅速传达到相关部门和人员手中，促使问题得到及时整改和解决。这不仅有助于提升高校资产管理的效率，也促进了管理制度的持续优化。反馈机制需要明确责任分工和处理时限，以确保审计发现的问题不被忽视或拖延处理。同时，定期的审计结果评估和改进措施的落实情况检查，也是反馈机制的重要组成部分。

审计报告的公开性与透明度是增强公众对高校资产管理信任与监督力度的有效手段。定期向相关利益方披露审计结果，不仅可以提高高校资产管理的透明度，还能增强社会公众对高校管理工作的信任感。审计报告的公开应遵循信息披露的原则，确保披露信息的真实性、完整性和及时性。通过建立信息公开平台，利益相关方可以及时获取审计信息，进行监督和评价。这种透明度机制不仅有助于提高高校资产管理的公信力，也为社会各界提供了参与监督的渠道。

参考文献

[1] 曹晶. 新时期高校财务管理问题研究 [M]. 沈阳：辽宁科学技术出版社，2022.

[2] 孙慧玲. 新时期高校财务管理创新探索与发展 [M]. 北京：新华出版社，2023.

[3] 熊一心. 高校财务管理的理论与实践研究 [M]. 北京：中国原子能出版社，2022.

[4] 辛妍. 新时期高校财务管理与审计 [M]. 北京：新华出版社，2022.

[5] 高健磊. 新时期高校管理与发展路径探索 [M]. 北京：中国政法大学出版社，2021.

[6] 赵富平. 新时期高校财务治理研究 [M]. 长春：吉林科学技术出版社，2021.

[7] 邵明. 新时期高校财务管理绩效评价体系构建研究 [M]. 长春：吉林出版集团股份有限公司，2021.

[8] 索金龙，申昉. 高校财务管理技术创新研究 [M]. 北京：北京工业大学出版社，2020.

[9] 刘芬芳，梁婷. 新时期高校财务管理问题研究 [M]. 太原：山西经济出版社，2020.

[10] 赵翔宇. 高校财务管理改革与创新研究 [M]. 北京：北京工业大学出版社，2023.

[11] 王刚. 高校财务内部控制制度研究 [M]. 太原：山西经济出版社，2023.

[12] 李莹，陈文静，高志毅. 高校财务管理实践研究 [M]. 北京：中国纺织出版社，2024.

[13] 张兰花. 高校财务管理与实践 [M]. 长春：吉林人民出版社，2023.

[14] 栾泽沛，刘芳菲，于瑞杰. 高校财务管理与会计理论应用 [M]. 北京：中国商务出版社，2022.